Helmut J. Ament

Das universelle Erfolgs-Geheimnis

PegaStar Verlag • Neuchâtel

DAS UNIVERSELLE ERFOLGSGEHEIMNIS

1. Auflage, 2006
© Verlag: Pegastar AG, Puits-Godet 12, 2000 Neuchâtel, Schweiz
www.pegastar.com

Illustrationen:
Josef Lingl, Volker Dornemann, Bruno O. Gürtler, Heike Trobisch

Printed in Germany
ISBN 978-2-8399-0202-1

Zum Titelbild

‚Die Erschaffung Adams' von Michelangelo
auf dem Deckenfresko der Sixtinischen Kapelle

Gott schuf Adam, damit er sich die Erde untertan mache.
Die versteckte Botschaft von Michelangelo: Er malte Gott mit seinen Engeln exakt in der Form eines Gehirns.

Das Gehirn ist identisch mit der göttlichen Schaffenskraft?
Erschaffen wir durch unser Denken unsere eigene Welt?

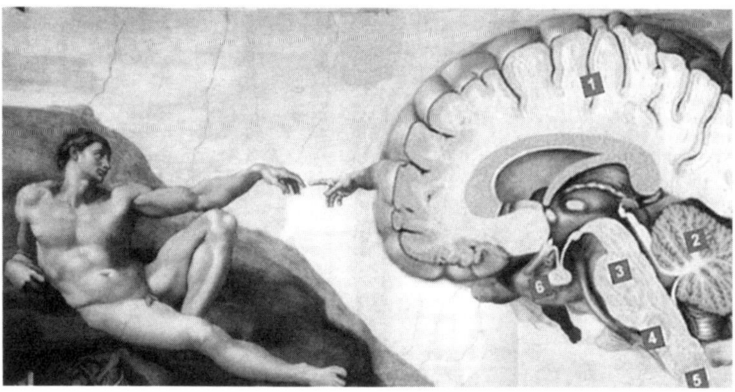

1 = Großhirn, 2 = Kleinhirn, 3 = Brücke, 4 = verlängertes Mark
5 = Rückenmark, 6 = Hirnanhangsdrüse

Danksagung

Ganz besonderem Dank bin ich Dr. Joseph Murphy verpflichtet, der mich mit seinem Buch *‚Die Macht Ihres Unterbewusstseins‘* bereits mit 19 Jahren auf die Spur des universellen Erfolgsgeheimnisses gebracht hat - ebenso wie Napoleon Hill mit seinem Buch *‚Denke nach und werde reich‘*, welcher im Laufe von 20 Jahren die 504 erfolgreichsten Männer Amerikas interviewte und daraus eine Methode entwickelte, die auch Durchschnittsmenschen sicher zum Erfolg führt.

Mit dieser Niederschrift des universellen Erfolgsgeheimnisses in kurzer und prägnanter Form möchte ich so vielen Menschen wie möglich die Gelegenheit geben, auch von diesen jahrtausendealten Weisheiten zu profitieren. Zusätzlich habe ich neben einem persönlichen Erfahrungsbericht auch eine Reihe von praktischen Übungen aufgelistet, die sich bei mir in der Praxis bestens bewährt haben.

Dieses Buch ist meine Art ‚**Danke**‘ zu sagen - all den vielen Tausend Menschen, denen ich im Laufe meines Lebens begegnet bin und die mir geholfen haben; von denen ich lernen durfte und die mir durch Ihre Freundschaft stets neue Kraft gaben. Ganz besonderen Dank auch an meine Familie, die mir mit ihrer Liebe stets ein warmes Zuhause bietet.

Mit diesem Buch möchte ich das universelle Erfolgsgeheimnis gerade auch an unsere Kinder, die unsere Zukunft sind, weiterreichen. Möge das universelle Erfolgsgeheimnis Ihnen allen helfen, all Ihre Wünsche, Träume und Hoffnungen auf vollkommene Art und Weise zu erreichen.

Inhalt

TEIL II: PRAXIS

Vorwort des Autors

Vermutlich ist dieses Buch nicht das erste, welches Sie über Erfolgstechniken, Persönlichkeitsentfaltung und Ähnliches lesen. Sicher haben Sie in dem einen oder anderen Buch auch gute Hinweise erhalten - aber hat sich Ihr Leben dadurch dramatisch zum Positiven verändert? Sowohl privat als auch finanziell?

Dieses Buch kann Ihnen helfen, einen echten Durchbruch zu erzielen! Ich schreibe dieses Buch zu meinem fünfzigsten Geburtstag und kann damit auf ein halbes Jahrhundert Erfahrung zurückblicken. Im Laufe dieser Zeit habe ich im Rahmen meiner Unternehmertätigkeit und als Seminarleiter Tausende von Menschen geschult und die Auswirkungen des universellen Erfolgsgeheimnisses verfolgen können. Es war niemand dabei, der er es ohne das universelle Erfolgsgeheimnis zu nennenswerten Erfolgen gebracht hätte. Andererseits konnte ich aber eine ganze Reihe von Menschen beobachten, welche durch das universelle Erfolgsgeheimnis überdurchschnittlich erfolgreich wurden.

Das universelle Erfolgsgeheimnis ist nicht von mir. Es ist jahrtausendealt. Aber es hat meinen Erfolg ausgemacht! Und gerade deshalb gebe ich das universelle Erfolgsgeheimnis gerne an Sie weiter.

Ich werde Ihnen schildern, wie ich selbst auf die Spur des Erfolgsgeheimnisses gekommen bin und Schritt für Schritt gelernt habe, es richtig anzuwenden. Danach werde ich versuchen darzulegen, wie und warum nach meiner Meinung das universelle Erfolgsgeheimnis funktioniert. Schließlich gebe ich Ihnen eine Reihe von Beispielen und Empfehlungen, wie Sie am besten und effizientesten das universelle Erfolgsgeheimnis in verschiedenen Bereichen für sich nutzen können.

Dieses Buch ist kein wissenschaftliches Werk. Mein ganzes Leben war ich Pragmatiker. In erster Linie habe ich immer nach Wissen gesucht, das tatsächlich etwas bewirkt, etwas zum Positiven verändert und so schnell wie möglich Resultate erzielt. Insofern kann ich Ihnen (leider) nicht mit ‚doppelten Feldstudien' über das universelle Erfolgsgeheimnis dienen. Ich würde mir aber wünschen, dass durch das Buch der eine oder andere Wissenschaftler dazu angeregt wird. Sicher werden eines Tages Physiker die Wirkungsweise des universellen Erfolgsgeheimnisses erläutern können. In den letzten Jahrzehnten hat sich diesbezüglich schon viel getan. Doch davon mehr in einem späteren Kapitel.

Das Interessante dabei ist, dass das universelle Erfolgsgeheimnis so einfach, so profan ist, dass ich es zunächst selbst nicht glauben konnte. Erst die vielen positiven Ergebnisse überzeugten mich im Laufe der Zeit. Ich wünsche Ihnen den Mut, es selbst zu versuchen. Sie werden erstaunt sein, wie einfach es ist, in allen Bereichen des Lebens erfolgreicher zu werden!

Das universelle Erfolgsgeheimnis ist keine ‚Wunderwaffe', mit welcher Sie über Nacht all Ihre Ziele und Wünsche realisieren können. Sie werden, wie ich selbst, Stück für Stück die Treppe noch oben steigen müssen, gelegentlich unerwartet schnelle Erfolge erzielen, gelegentlich Rückschläge erleiden - aber der Weg wird immer in die Richtung Ihrer Ziele und Wünsche gehen. Im Gegensatz dazu würden Sie sich ohne das universelle Erfolgsgeheimnis weiterhin abstrampeln und abrackern müssen - ohne besondere Erfolge zu erzielen.

Es lohnt sich also, den Versuch zu wagen! Gleichgültig wo Sie heute stehen, ob Sie bereits reich und berühmt sind und noch mehr erreichen wollen - oder erst am Anfang Ihrer Karriereleiter stehen und schnellstmöglichst in die ‚Chefetage' wollen: Das universelle Erfolgsgeheimnis wird Ihnen in einer Weise helfen, die Sie vorher niemals für möglich gehalten hätten.

Damit wir uns richtig verstehen: Wenn ich von Erfolg spreche, meine ich damit nicht nur Geld. Für mich als Arbeitersohn war das immer ein wichtiger Faktor. Erfolg ist aber nichts anderes als das Erreichen eines definierten oder als erstrebenswert anerkannten Ziels. Ob Sie persönliche, soziale oder finanzielle Ziele haben, das universelle Erfolgsgeheimnis wird Ihnen helfen, Ihre Ziele schneller zu erreichen. Erfolg ist nach meiner Definition das vollkommene Erreichen einer Zielvorstellung. Die Ziele aber müsssen Sie selbst wählen!

Ansätze des universellen Erfolgsgeheimnisses haben Sie sicherlich schon in verschiedenen Büchern gelesen oder auf Seminaren gehört. Doch kaum ein Autor oder Seminarleiter wagt es normalerweise, die profane Wahrheit über das universelle Erfolgsgeheimnis in aller Klarheit aufzuzeigen. Nun, ich werde in diesem Buch kein Blatt vor den Mund nehmen und Ihnen das universelle Erfolgsgeheimnis in aller Offenheit darlegen.

Gerade deshalb ist dies kein reines ‚Lesebuch' - es ist auch ein Arbeitsbuch! Damit Sie das universelle Erfolgsgeheimnis schnellstmöglich in die Praxis um setzen können, habe ich zusätzlich einen Praxis-Teil mit konkreten Übungen beigefügt. Wenn Sie die Übungen befolgen, ist es nach meiner Erfahrung nur eine Frage der Zeit, bis sich positive Resultate einstellen.

Es würde mich sehr freuen, wenn ich Ihnen auf Ihrem Weg zum Erfolg behilflich sein könnte. Versuchen Sie es selbst - Sie werden über die Resultate erstaunt sein!

*„Man kann einen Menschen nichts lehren.
Man kann ihm nur helfen, es in sich selbst zu entdecken.“*

Galileo Galilei

PROLOG

Auf der Suche nach dem universellen Erfolgsgeheimnis

Zunächst möchte ich Ihnen zeigen, wie ich selbst das universelle Erfolgsgeheimnis gefunden habe und was es in meinem Leben bewirkt hat.

Meine finanzielle Ausgangssituation war vermutlich wesentlich schlechter als Ihre - ich wurde als Arbeitersohn in Österreich geboren. In Österreich gab es zu dieser Zeit nicht genügend Arbeitsplätze. Mein Vater fand Arbeit in Deutschland und zog mit unserer Familie um.

Nach dem Abschluss der Schule (Realschulabschluss) erlernte ich den Beruf des Industriekaufmanns. Schon früh war mir klar, dass ich als Angestellter meine Ziele niemals würde erreichen können, so machte ich mich bereits mit 19 Jahren selbständig - im Bereich der Vermögensberatung. Nach einigen Monaten wurde mir die Position eines Managers angeboten, die ich natürlich gerne annahm.

In den nächsten Monaten und Jahren lernte ich so viel vom Verkaufen und damit auch von menschlichen Verhaltensweisen, wie ich vermutlich sonst in meinem ganzen Leben nicht gelernt hätte.

Täglich hatte ich mit vielen Kunden und Mitarbeitern zu tun. Und war ständig überrascht, wie unterschiedlich Menschen auf die jeweils gleiche Aussage reagierten. Also begann ich nachzuforschen, woran das liegen könnte. Ich versuchte Antworten zu finden auf Fragen wie:

Weshalb reagiert jeder Mensch verschieden?
Gibt es bestimmte Denk- und Verhaltensmuster?
Wie kann ich andere Menschen und mich besser verstehen?

Von da an war es nur ein kurzes Stück zu weiteren Fragen wie:

Was ist eigentlich ein Mensch?
Was macht den Menschen aus?
Was ist 'Denken'?
Warum, wofür bin ich überhaupt hier?
Hat jeder Mensch eine bestimmte Lebensaufgabe?
Gibt es so etwas wie ein Schicksal?

Und natürlich auch die zentralen Fragen:

Wer - was ist der Mensch in Wirklichkeit?
Woher kommen wir?
Wohin gehen wir?

Der Vorteil meiner Tätigkeit als Verkäufer war, dass ich alles erlernte Wissen immer sofort in die Tat umsetzen konnte. Und es damit in der Praxis erproben und trainieren konnte.

Verkaufen war und ist für mich die ideale 'Spielwiese': Ich kann sofort anwenden und testen, was ich gelernt habe. Verkäufer haben es mit keinem toten Werkstück zu tun, sondern mit Menschen. Und jeder Mensch ist anders und reagiert anders. Menschen sind oft die verrücktesten Lebewesen auf diesem Planeten - und zugleich auch die liebenswertesten.

Oft sagen mir Leute: *"Ich könnte niemals ein Verkäufer sein!"* Stimmt das wirklich? Haben wir nicht schon als Kinder unseren Eltern 'verkauft', dass wir ein Eis wollten? Oder ein bestimmtes Weihnachtsgeschenk. Oder mehr Taschengeld. Oder, oder, oder...

Sie 'verkaufen' Ihrer Angebeteten, dass Sie der richtige Mann für sie sind; Sie 'verkaufen' Ihrem Personalchef, dass Ihnen mehr Gehalt zusteht; Sie verkaufen Ihren Kindern, dass gute Noten in der Schule wichtig für ein erfolgreiches Leben sind usw.

In all diesen Jahren lernte ich sehr viel über Verkauf und über Menschen. Und über mich selbst.

Längst verkaufte ich nicht mehr selbst an Kunden, sondern hatte Dutzende von Mitarbeitern, die diese Aufgabe für mich erledigten. Meine Arbeit bestand in der Schulung und Motivation dieser Leute, die oft auch gute Freunde geworden waren.

Eines Tages fand ich auf meinem Schreibtisch ein Buch (ich weiß bis heute noch nicht, wer es mir hingelegt hatte): *'Die Macht Ihres Unterbewusstseins'* von Dr. Joseph Murphy. Nachdem ich eher etwas gelangweilt zu lesen begonnen hatte, konnte ich anschließend das Buch vor Begeisterung nicht mehr aus den Händen legen.

Sobald ich es komplett fertig gelesen hatte, versuchte ich sofort, dieses Wissen in mein tägliches Leben zu übertragen. Und tatsächlich zeigten sich auch ziemlich rasch die ersten Resultate.

Das Problem war nur: Einmal funktionierte es - und dann auch wieder nicht. Die Grundidee von Murphy glaubte ich verstanden zu haben; aber konkrete Übungsanleitungen für die Praxis vermisste ich. Das eigene Experimentieren brachte zwar einige Erfolge, nicht aber den erhofften Durchbruch.

Neugierig geworden, suchte ich weiter. Ich verschlang geradezu Bücher aus dem Erfolgsbereich, wie z.B. *'Denke nach und werde reich'* von Napoleon Hill. Da ich zwischenzeitlich ganz gut verdiente, konnte ich mir auch die Teilnahme an Erfolgslehrgängen und Seminaren leisten. Immer lernte ich wichtige Dinge hinzu und konnte meinen Erfolg steigern.

Zwar verdiente ich zwischenzeitlich um die 5.000 Euro im Monat; nach Abzug der Steuern und sonstigen Verpflichtungen verblieb dann allerdings nicht mehr allzu viel. Nicht genug in Relation zu meinen Zielen. Wenn ich so weiter machen würde, könnte ich mir zwar ein angenehmes Leben einrichten, aber eben auch nicht mehr.

Also entschloss ich mich, einen neuen Weg zu gehen. Ich fing an, mich mit Autobiographien von überdurchschnittlich erfolgreichen Menschen zu beschäftigen. Sehr schnell konnte man dabei feststellen, ob ein Ghostwriter am Werk gewesen war oder ob der oder die Betreffende selbst das Buch geschrieben hatte.

Auch wenn im zweiten Fall die Ausdrucksweise oder die Grammatik nicht immer den Anforderungen meines Deutschlehrers standgehalten hätte - es kam einfach mehr 'rüber', ja man konnte es regelrecht 'fühlen', wenn der/diejenige seine Lebensgeschichte selbst geschrieben hatte.

Dann, zu einem Zeitpunkt, als ich es gar nicht mehr erwartet hatte und schon fast am Aufgeben war - machte es eines Morgens plötzlich 'klick'. Das hört sich vielleicht übertrieben an - aber genau so war es!

Ich weiß nicht mehr genau, wann und nach wie vielen Büchern es mir auffiel - manchmal wurde es offen angesprochen, meist zwischen den Zeilen versteckt. Ich erkannte einen ‚roten Faden', der sich durch die meisten Bücher und Biographien zog!

Die ganzen Einzelteile des Puzzles hatten sich irgendwie zu einem Ganzen zusammengesetzt! Ich musste lachen. Die ganze Zeit war ich auf der Suche nach komplizierten und aufwendigen Erfolgstechniken gewesen. In Wirklichkeit war und ist das 'Geheimnis' so einfach, dass man es zunächst nicht für möglich hält.

Schon bei Murphy und Hill hatte ich von einem 'Geheimnis' gelesen, das ich aber nur schmunzelnd als 'Werbegag' und 'Verkaufstrick' zur Kenntnis genommen hatte. Doch in den meisten Autobiographien dieser überdurchschnittlichen Menschen war da etwas, das nichts mit der Herkunft und dem von den Eltern übernommenen Vermögen, nichts mit Aufstieg durch gute 'Beziehungen', nichts mit Intelligenz oder einem 'starken Willen' zu tun hatte.

Vielmehr zog man durch das 'Geheimnis' Erfolg geradezu magnetisch an, gleichgültig, wie die Startvoraussetzungen waren.

Aber um ehrlich zu sein: Erst die lange Suche und das ständige Ausprobieren in der Praxis sowie die absolute Unvoreingenommenheit allem Neuen gegenüber hat mich für das 'Geheimnis' empfänglich gemacht. Hätte mir jemand das 'Geheimnis' einfach nur so gesagt, hätte auch ich ihn zuvor mit einem lächelnden *'Ja, sicher...'* abgespeist.

Nun aber sagte ich mir: Weshalb soll das 'Geheimnis', das so viele Menschen überdurchschnittlich erfolgreich gemacht hat, nicht auch bei mir funktionieren?

Und ich wollte natürlich gleich in der Praxis ausprobieren, ob da tatsächlich *„...etwas dran war...'*. In vielen Büchern hatte ich etwas von einem ‚Unterbewusstsein' gelesen. Das klang zwar ziemlich ‚esoterisch', aber andererseits auch wieder ganz vernünftig. Es leuchtete mir ein, dass es neben dem ganz normalen logischen Denken auch eine Art ‚Speicher' für all die Erfahrungen, Empfindungen, Gefühle, Emotionen usw. geben könnte. Und wenn es ein Unterbewusstsein gab - gab es dann auch so etwas wie ein Überbewusstsein?

Ich hatte auch oft gelesen, dass man auf seine Ziele stark konzentriert sein sollte - sozusagen eine Art ‚energetisches Umfeld' dafür aufbauen sollte. Nichts leichter als das, sagte ich mir! Wünsche hatte ich genug - und an Motivation für eine Umsetzung haperte es auch nicht. Wollen wir also mal sehen, ob das wirklich funktioniert...

Mit einem einfachen Test wollte ich die Wirksamkeit dieses ‚Geheimnisses' ausprobieren: Zunächst legte ich fest, welches meine jeweils drei wichtigsten persönlichen und finanziellen Wünsche waren. Dann kaufte ich mir einen Kalender in Buchform. Jeder Tag sollte eine eigene Seite haben. Täglich (!) schrieb ich jeden Tag aufs Neue meine sechs Wünsche hinein! So müsste meinem ‚Unterbewusstsein' klar werden, wie ernst ich das mit meinen Wünschen nahm. Außerdem las ich mir jeden Abend vor dem Einschlafen meine sechs Wünsche mind. 15 Minuten laut vor. Zwar kam ich mir selbst ein wenig ‚komisch' dabei vor, aber *„...am Anfang war das Wort...“*, dachte ich mir - das steht doch schon in der Bibel...

Zusätzlich besprach ich eine Audiokassette mit den sechs Wünschen - immer und immer wieder, bis das 1-Stunden-Band voll war. Das Band nahm ich mit in mein Auto, und ich hörte mir die Texte beim Fahren an. Die Fahrzeit zum

Arbeitsplatz und zurück addierte sich ohne weiteres auf eine Stunde täglich. Und bevor ich mir im Radio die schlechten Nachrichten antat, hörte ich mir lieber meine sehnlichsten Wünsche an und verstärkte diese dadurch.

Ja, und dann wartete ich. Was würde jetzt wohl passieren? Wochen gingen ins Land und ich hielt meine Vorgehensweise eisern ein. Nur wenn sich entsprechend viel Energie aufbaut, können meine großen Wünsche auch realisiert werden, sagte ich mir.

Und ich merkte mit der Zeit tatsächlich, dass sich meine Gedanken mehr und mehr um meine hoch gesteckten Ziele drehten. Es waren Ziele, die ich mir zu Beginn der Aktion eigentlich kaum realistisch vorstellen konnte - zumindest nicht in einem näheren Zeitraum. Aber da hatte sich im Laufe der Wochen einiges geändert. Es kam in mir so eine Art *„Warum eigentlich nicht?"*-Stimmung auf. Ich konnte mir mehr und mehr realistisch vorstellen, wie es wäre, wenn ich meine Ziele erreicht hätte. Das fühlte sich gut an!

Etwas ‚eigenartig' fand ich damals meine Vorgehensweise selbst. Deshalb sprach ich auch mit niemandem darüber. Ich erinnere mich allerdings an einen Vorfall, der mich in meinem Handeln zusätzlich bestärkte.

Ein Mitarbeiter und Freund hatte ein Problem mit seinem Auto und bat darum, ob er meines kurz leihen könnte - er hätte eine dringende Besorgung zu machen. Ich sagte zu. Kaum war er gegangen, fiel mir mit Schrecken ein, dass ich die Kassette mit meinen sehr persönlichen Wünschen im Recorder hatte...! Die Kommentare meines Freundes bei seiner Rückkehr konnte ich mir nur allzu gut vorstellen...

Zu meiner Überraschung kam er aber zurück, als wenn nichts geschehen wäre. Er gab mir den Schlüssel und sagte nur: *„Tolle Idee, das mit der Kassette! Wer-*

de ich auch versuchen!" Nun war ich wirklich überrascht - kein Gelächter? Keine dumme Bemerkung? Er wollte es im Gegenteil sogar selbst versuchen?

Dazu muss ich sagen, dass die aufgesprochenen Wünsche wirklich sehr persönlich waren. Einer der Wünsche bezog sich z. B. auf eine neue Freundin, definiert bis ins Detail: blond, von Beruf Friseuse usw. Vielleicht fragen Sie sich jetzt, warum Friseuse? Nun, ich hatte in dieser Zeit wöchentlich zwei Trainingsseminare für Mitarbeiter in Hotels zu halten - manchmal bis zu 200 Personen. Mindestens einmal in der Woche ging ich zum Friseur. Warum also das Angenehme nicht gleich mit dem Nützlichen verbinden? Ja, ich wollte es wirklich wissen... Funktionierte das ‚Geheimnis' so präzise, wie ich es mir erhoffte?

Ich kann mich nicht mehr erinnern, wie es im Detail weiterging. Zwar war ich durch das tägliche Schreiben meiner Wünschen und das Anhören der Kassette stärker motiviert als sonst - aber konkrete Ergebnisse konnte ich nicht erkennen. Irgendwie ließ ich mit der Zeit die ganze Geschichte mit dem Kalender und der Kassette immer mehr ‚schleifen'. Ich hörte die Kassette nur noch gelegentlich und schrieb nur mehr selten meine Wünsche in den Kalender. Im Laufe der Zeit verlief das Ganze dann mehr oder weniger im Sand.

Irgendwann einmal, ich weiß nicht mehr, ob es nach sechs Monaten oder sogar einem Jahr war, hörte ich wieder einmal die Kassette und las meine damaligen Wünsche im Kalender.

Und ich konnte selbst kaum glauben, was dort alles stand! Über die Hälfte der damaligen Wünsche war zwischenzeitlich ein normaler Bestandteil meines Lebens geworden! Und ich hatte dies nur durch den langen Zeitraum nicht bemerkt!

(Falls Sie sich fragen, ob die blonde Friseuse auch dabei war - ja, auch das war ‚materialisiert' worden - allerdings kein naturblond, wie ich später herausfand - dennoch hatte ich keinen Grund mich zu beklagen...)

Das Ergebnis des ‚Geheimnis-Tests' hatte meine Erwartungen für diesen relativ kurzen Zeitraum von sechs bis zwölf Monaten in der Tat übertroffen, sowohl in persönlicher als auch in finanzieller Hinsicht.

Natürlich hatte ich selbst noch genügend Zweifel. War das alles vielleicht nur ein glücklicher 'Zu-fall'? Wie konnte ich sicher sein, dass das 'Geheimnis' immer wieder gleiche positive Ergebnisse produzierte?

Also wiederholte ich meinen ‚Test'. Ich ersetzte die bereits realisierten Wünsche durch neue Wünschen. Zusätzlich testete ich weitere Optimierungen zu noch schnelleren ‚Wunschrealisierungen' z. B. verschiedene Suggestions- und Meditationstechniken.

Und in der Tat wurde die Zeit zwischen ‚Wunsch' und ‚Realisierung' immer kürzer. Mit jedem Erfolg verstärkte sich mein ‚Glaube' an das universelle Erfolgsgeheimnis - und das wirkte sich positiv auf immer kürzere Zeitspannen aus. Irgendwann wurde es dann so extrem, dass eine Zielsetzung oft schon am Abend des gleichen Tages eingetroffen war.

Ich erinnere mich gut, dass ich irgendwann an einen Punkt kam, an welchem ich dann doch etwas Angst bekam. Wenn sich mein Denken jetzt so schnell realisierte, was würde dann passieren, wenn ich z. B. in der Nacht mit 200 km über die Autobahn fahre und darüber nachdenke, das z. B. ein LKW mich nicht im Rückspiegel sieht und auf die linke Fahrspur wechselt - oder ein Reh die Autobahn überquert usw.

Überlegungen wie diese ‚bremsten' mich etwas herunter - aber auch dafür fand ich später Lösungen. Ich lernte, dass man negative Gedanken zwar nicht verdrängen kann (dadurch werden diese höchstens noch stärker), aber dass man die absolut freie Wahl der Gedanken hat. Ich werde Ihnen auch diese Technik in dem Buch noch vorstellen.

Bei mir funktionierte das universelle Erfolgsgeheimnis zwischenzeitlich viel besser als erwartet. Also ging ich einen Schritt weiter: Funktionierte das universelle Erfolgsgeheimnis aus irgendwelchen Gründen nur bei mir so gut? Viel wahrscheinlicher war doch, dass es für ALLE Menschen gleich gut funktionieren sollte! Und auf meinen beruflichen Bereich übertragen: Konnte ich auch meinen Mitarbeitern beibringen, mit dem universellen Erfolgsgeheimnis bessere Ergebnisse zu erzielen?

So fing ich an, meine Mitarbeiter entsprechend zu schulen. Ich sprach das

'Geheimnis' nicht offen aus, da mich sonst der eine oder andere Mitarbeiter vermutlich mit ungläubigem Ausdruck angesehen hätte. So umschrieb ich das 'Geheimnis', zeigte Beispiele auf und regte zu eigenen Versuchen an.

Und es funktionierte wieder!

Nicht bei jedem Mitarbeiter und auch nicht immer sofort. Einige konnten schon nach wenigen Wochen Resultate erzielen, andere erst nach Monaten oder sogar Jahren. Und es waren auch einige dabei, bei denen sich nichts veränderte.

Gerade mit diesen Menschen habe ich mich besonders intensiv auseinander gesetzt. IMMER waren es Menschen, die das 'Geheimnis' einfach nicht wahrhaben wollten und dadurch auch nicht anwandten. Oft höre ich noch heute den Satz *'Wenn es so einfach wäre, dann wäre ja jeder Mensch erfolgreich!'*. Und gerade weil es so einfach ist, probieren sie es erst gar nicht aus. Mit dem Resultat, dass es sich diese Leute in dieser 'schwierigen' Welt dann auch 'schwierig' machen. Nun, jeder Mensch hat die freie Wahl...

Im Laufe der Jahre verstand ich mehr, dass sich der Charakter eines Menschen nur extrem langsam weiterentwickelt. Der Charakter der Menschen, die mit dem universellen Erfolgsgeheimnis arbeiteten, veränderte sich ebenfalls nur wenig - aber der Abstand zwischen *‚wünschen‘* und *‚erhalten‘* wurde mit zunehmender Erfahrung immer kürzer. Bei vielen Menschen entwickelte sich zusätzlich ein wesentlich höheres Ethik-Verständnis - mit großen Veränderungen in den Verhaltensweisen gegenüber anderen Menschen.

Nach all diesen Erfahrungen können Sie sich sicher vorstellen, dass ich ab diesem Zeitpunkt regelmäßig das ‚Universelle Erfolgsgeheimnis‘, wie ich es heute nenne, für mein weiteres Leben zu Hilfe genommen habe. Im Laufe der letzten 30 Jahre gab es viele Höhepunkte, aber auch einige Tiefs. Blicke ich zurück, so habe ich in dieser Zeit oft selbst die ‚Gesetzmäßigkeiten‘ des universellen Erfolgsgeheimnisses verletzt.

Menschen neigen nun einmal dazu, in schweren Zeiten *„...zu Gott zu beten...“*, und wenn dann alles wieder phantastisch läuft, sich selbst auf die Schulter zu klopfen und sich als ‚toller Hecht‘ zu empfinden.

Diesen Fehler habe ich sicher mehrfach auch selbst gemacht. Wenn es aber darauf ankam, besann ich mich immer wieder auf die universelle Kraft des ‚Geheimnisses', sei dies im persönlichen, finanziellen oder auch gesundheitlichen Bereich.

Schon mit 25 Jahren gehörte ich in die Kategorie, die man als ‚Spitzenverdiener' bezeichnet, damals mit einem eigenen Verlag. Dem ‚Höhenflug' folgte mit 28 Jahren ein Absturz - ich hatte durch verschiedene Faktoren rund 750.000 Euro Schulden. Zweieinhalb Jahre später waren alle Schulden bezahlt, und es ging mir wieder sehr gut. Später kam noch eine Software-Firma hinzu; im Alter von 45 Jahren auch noch eine Internet-Firma.

Heute, in meinem fünfzigsten Lebensjahr, habe ich mehr erreicht, als ich mit 18 Jahren zu träumen gewagt hätte. Ich konnte mir im Laufe des Lebens eine finanzielle Unabhängigkeit aufbauen und könnte, wenn ich wollte, jederzeit mit dem Arbeiten aufhören. Dies gelang mir auch deshalb, weil ich mit rund 35 Jahren verstand, dass man nicht reich wird durch das Geld, das man verdient, sondern durch das Geld, das man spart...

Sehr gut kann ich mich aber noch an Zeiten erinnern, als ich während der Schulzeit in den Ferien Regale in Supermärkten für 1,70 Euro die Stunde eingeräumt habe - oder während meiner Lehrzeit als Industriekaufmann am Wochenende hinterm Grill bei McDonald's stand - für 3,25 Euro die Stunde!

Ich weiß genau, wie schwer es ist, Geld zu verdienen. Und genau deshalb weiß ich, wie wichtig das universelle Erfolgsgeheimnis für meinen Lebensverlauf war. Gerade dadurch, dass ich mit 28 Jahren auch eine Tiefphase hatte, lernte ich den Wert des universellen Erfolgsgeheimnisses erst wirklich zu schätzen.

In vielen Büchern werden Sie Andeutungen in Bezug auf das ‚Geheimnis' finden - aber ich denke, in dieser deutlichen Form hat es zuvor noch nie jemand zu Papier gebracht.

Gerne gebe ich im nächsten Kapitel das universelle Erfolgsgeheimnis an Sie weiter. Auch werde ich versuchen zu erklären, wie und warum das universelle Erfolgsgeheimnis meiner Meinung nach funktioniert.

Aus meiner 30-jährigen Erfahrung mit dem universellen Erfolgsgeheimnis werde ich Ihnen auch einige konkrete Anleitungen für Übungen geben, die sich bei mir ganz besonders bewährt haben.

Schließlich zeige ich Ihnen noch einige grundlegende Gesetze auf, bei deren Berücksichtigung das universelle Erfolgsgeheimnis seine volle Wirkung entfalten kann.

Zusätzlicher Hinweis: Auf der Website www.erfolgsgeheimnis.eu finden Sie eine ausführlichere Autobiographie des Autors, die Sie gratis herunterladen können.

„Es gehört mehr Mut dazu, seine Meinung zu ändern, als ihr treu zu bleiben."

Hebbel

TEIL I - THEORIE

Das universelle Erfolgsgeheimnis

Lesen Sie bitte aufmerksam die folgenden Lebensweisheiten. Diese beschreiben in kurzer und prägnanter Form das universelle Erfolgsgeheimnis. Zwischen der ersten und der letzten Lebensweisheit liegen nicht weniger als zweitausendfünfhundert Jahre Menschheitsgeschichte! Können Sie sich vorstellen, von wem diese Zitate sind?

**„Alles, was wir sind,
ist das Ergebnis dessen,
was wir gedacht haben.“**

„Wie ein Mensch denkt, so ist er.“

**„Wir sind das Ergebnis
unserer Gedanken.“**

„Der Glaube erzeugt die Tatsachen.“

**„Die Inhalte Ihres Denkens und
Glaubens gestalten Ihre Persönlichkeit,
Ihr Leben, Ihre Zukunft.“**

Halten Sie das für möglich? Unser Leben ist eine energetische Spiegelung unseres Denkens, unserer Überzeugungen, unseres Glaubens?

Damit ist nicht nur die emotionelle Ebene gemeint (man ‚fühlt' sich durch positives Denken subjektiv besser...), sondern die *GESAMTEN* Lebensumstände - incl. der materiellen Welt! Kann Denken wirklich etwas mit unseren finanziellen Lebensumständen zu tun haben? Entscheidet Denken darüber, ob man arm oder reich ist? In welchem Apartment oder in welchem Haus man wohnt? Welches Auto man fährt? Wie gebildet man ist? Wie erfolglos oder erfolgreich man ist?

Die im Grundtenor gleichen Lebensweisheiten auf der vorigen Seite stammen aus verschiedenen Epochen - Wissen aus zweitausendfünfhundert Jahren Erfahrung:

Buddhas Lehre entstammt die Aussage: *„Alles, was wir sind, ist das Ergebnis dessen, was wir gedacht haben."*

Die zweite Lebensweisheit stammt aus der Bibel: *„Wie ein Mensch denkt, so ist er."*

Die Feststellung: *„Wir sind das Ergebnis unserer Gedanken"* stammt von dem römischen Kaiser und Philosophen Mark Aurel.

William James, der Vater der amerikanischen Psychologie, fasste die Erkenntnisse seines Lebens in dem Satz zusammen: *„Der Glaube erzeugt die Tatsachen."*

Und Joseph Murphy, der berühmte Lehrer des positiven Denkens, der unzählige Menschen durch seine Vorträge und Schriften inspiriert und angeregt hat, ging von der elementaren Erkenntnis aus: *„Die Inhalte Ihres Denkens und Glaubens gestalten Ihre Persönlichkeit, Ihr Leben, Ihre Zukunft."*

Diese Lebensweisheiten laufen auf folgende Erkenntnis hinaus:

Der Mensch, der man heute ist, der Charakter, die Persönlichkeit, die Lebensumstände resultieren aus dem, was man bisher gedacht und geglaubt hat.

Das heißt: Man ist das Ergebnis der eigenen Gedanken, Erfahrungen und Überzeugungen.

Am Anfang war das für mich schwer verdaubare Kost! Das war ein komplett anderes Bild des Lebens, als ich es zuvor kennen gelernt hatte. Außerdem verlor ich damit alle meine Ausreden: Bisher konnte ich Misserfolge auf die *‚Umstände'* schieben, seien dies das Elternhaus, Umgebung, Schule, Lehrer, Chefs, Freunde - oder wenn gar nichts mehr half, sogar das politische System oder der Staat an sich...

Nachdem ich mehr und mehr das universelle Erfolgsgeheimnis realisierte, stürzte mein bisheriges Weltbild wie ein Kartenhaus zusammen. Immer mehr wurde mir klar, dass ich für mein Leben **selbst** verantwortlich war. Gerade diese Erkenntnis aber gab mir letztlich enorme Kraft und Antrieb! Das bedeutete doch, dass ich mein Leben *SELBST* aktiv durch mein Denken gestalten konnte!

Nun musste ich die alleinige Verantwortung für mein Leben übernehmen. Kein Schicksal, das mir Knüppel zwischen die Beine warf, keine Ausreden mehr, die mir halfen, mit meinen bisherigen Lebensumständen zurechtzukommen - nur mehr die wunderbare Erkenntnis, dass ich durch mein Denken mein Leben selbst aktiv in die Hand nehmen konnte.

Also überlegte ich mir genau:

WIE will ich in Zukunft denken?
WAS genau wünsche ich mir?
WANN sollen sich meine Wünsche erfüllt haben?

Schon indem ich über diese Fragen nachdachte, brachte ich das ‚Schwungrad' des universellen Erfolgsgeheimnisses zum Drehen.

Die Vergangenheit konnte ich nicht mehr ändern - aber die Zukunft konnte ich durch mein Denken jetzt selbst bestimmen! Die heutige Realität basierte auf meinem früheren Denken - die Zukunft würde ich durch mein heutiges Denken selbst wählen:

1. Ebene:
Das Geschehen in der Realität

Ich bin heute, was ich in der Vergangenheit gedacht und geglaubt habe.

2. Ebene:
Das heutige Denken als Ursache für meine Zukunft

Ich werde in Zukunft sein, was ich ab heute denke.

Nachdem ich diese Erkenntnisse in mein tägliches Leben übertrug, änderte sich von Grund auf alles. Im Laufe der Zeit erlernte ich Techniken, mit welchen man Ziele noch schneller und effizienter erreichen konnte. Ich werde Ihnen im Laufe dieses Buches dazu noch einige Tipps geben.

Ganz besonders interessierte mich natürlich, *WARUM* und *WIE* das universelle Erfolgsgeheimnis überhaupt funktionieren kann. Wenn das Leben wirklich so einfach war - das Denken gestaltet die Realität -, warum nutzte dann nicht jeder Mensch diese einfache Technik? Natürlich habe ich selbst gelegentlich gezweifelt, ob es wirklich so einfach sein kann - erlebte aber immer wieder im täglichen Leben, dass es eben doch funktionierte!

Auf den nächsten Seiten habe ich in kurzer Form zusammengetragen, warum und wie nach meiner Meinung das universelle Erfolgsgeheimnis funktioniert.

Weshalb und wie funktioniert das universelle Erfolgsgeheimnis?

Die Illusion der Realität

Wie schon im Vorwort erläutert, bin ich kein Wissenschaftler, sondern ein Pragmatiker, der in der Praxis sehr gute Erfahrungen mit dem universellen Erfolgsgeheimnis gemacht hat. Natürlich wollte ich aber dennoch ergründen, weshalb oder wie das Erfolgsgeheimnis überhaupt funktionieren kann. Bei meinen Recherchen stellte ich fest, dass die heutige moderne Physik gar nicht mehr so weit von dem Verständnis einer universellen Energie im Kosmos entfernt ist.

Wir haben besprochen, wie enorm wichtig richtiges Denken für unsere Lebensgestaltung ist. Aber was ist überhaupt ‚*Denken*'? Ein elektro-chemischer Prozess im Gehirn? Bis jetzt habe ich noch nie eine einleuchtende Erläuterung darüber gehört oder gelesen.

Und was ist eigentlich ‚*Realität*'? Was ist ‚*Materie*'?

Schon in der Schule haben wir gelernt, dass Farben eigentlich gar nicht existieren. Es sind Lichtbrechungen, die erst vom Gehirn als ‚Farben' interpretiert werden. Welche ‚Farbe' hat dann die materielle Welt? Weiß oder schwarz? Alles grau? Oder gar keine ‚Farbe'? Nur Licht - und kein Licht?

Und WORAUS besteht ‚*Materie*‘? Alle Materie, gleichgültig in welcher Form, besteht aus Atomen - auch das haben wir in der Schule gelernt. Der Durchmesser eines Atoms beträgt nur etwa 10^{-7} mm, also 0,0000001 mm.

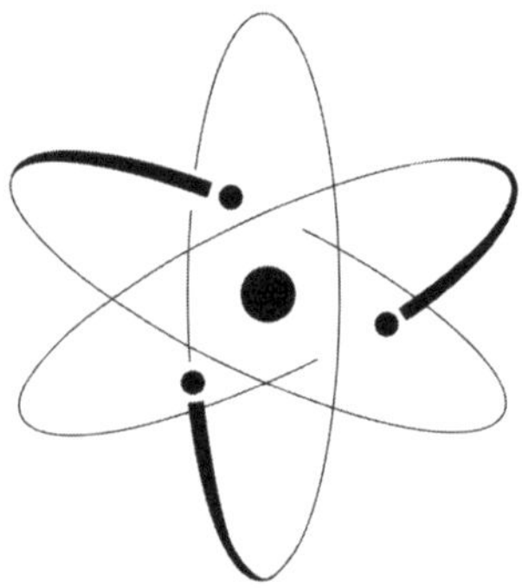

Dieses winzige Atom ist aber kein festes, starres Gebilde. Es besteht aus einem positiven Kern, der sich aus Protonen und Neutronen zusammensetzt, sowie aus Elektronen, die ihn auf bestimmten Bahnen umkreisen.

Die Größenverhältnisse eines Atoms sind sehr markant. Würde man z. B. den Kern des ersten und einfachsten Atoms, des Wasserstoffatoms, auf eine 10 mm große Kugel vergrößern, so würde das Elektron die Größe eines Sandkornes haben. Dieses Sandkorn würde die Kugel (von 10 mm) in einem Abstand von 100 m (!) mit annähernder Lichtgeschwindigkeit umkreisen.

Das heißt, das Atom besteht zu 99,99999 Prozent aus nichts, aus gähnender Leere. Und: Alle Materie besteht aus Atomen.

Damit besteht Materie zu 99,99999 Prozent aus „NICHTS“!

Wie können wir aber diese *„feste Materie“* wahrnehmen? Sehen wir uns als Beispiel die Flügel eines Ventilators an: Stehend bilden die Flügel feste Materie, sie sind greifbar, wirklich.

Lässt man den Ventilator aber anlaufen, so *‘verschwindet’* diese *‘feste Materie’* und ist nur noch schemenhaft erkennbar. Feste Materie wurde also quasi ‘*unsichtbar*’!

Stellen Sie sich jetzt vor, die Flügel würden sich immer schneller drehen, fast mit Lichtgeschwindigkeit. Was würde geschehen? Die Flügel wären in fast jedem Augenblick an jeder Stelle. Hätte man dann nicht plötzlich den Eindruck einer festen Scheibe?

Sicher kennen Sie diesen Effekt auch bei den Propellern von Flugzeugen. Ich selbst hatte eine Helikopter-Lizenz. Bei Rundflügen musste das Bodenpersonal stets sehr darauf achten, dass die Gäste nach vorne weggingen - um nicht hinten in den Heckrotor zu kommen, der so gut wie nicht zu sehen war.

‚*Feste Materie*' ist also letztendlich nichts anderes als ein sehr bewegtes Gebilde, welches zum weitaus größten Teil aus „*Nichts*" besteht. Aus Elektronen, die den Atomkern umkreisen.

Kennen Sie noch das Beispiel aus der Schule: Würde man z. B. einen 10.000-Tonnen-Frachter auf die tatsächliche Fläche der Atomkerne und der Elektronen zusammenschrumpfen, wäre seine Fläche nicht größer als ein Stecknadelkopf.

Ein einzelnes Elektron lässt sich aufgrund der hohen Geschwindigkeit gar nicht lokalisieren. Die Physiker sprechen daher von ‚Elektronenwolken'.

Das Elektron ist gezwungen, den Atomkern zu umkreisen. Während der Kern des Atoms positiv geladen ist, sind die Elektronen mit einer negativen Ladung versehen. Da das Elektron den Kern mit sehr hoher Geschwindigkeit umkreist, kompensiert es durch die entstehende Fliehkraft die elektrische Anziehungskraft des Kerns.

Würde das Elektron den Kern nicht mehr umkreisen, dann würde es auf ihn stürzen. Haben Sie sich schon einmal die interessante Frage gestellt, WER das Elektron einmal *'angestoßen'* hat?

> *„Es gibt keine Materie an sich. Alle Materie*
> *entsteht und besteht nur durch eine Kraft,*
> *welche die Atomteilchen in Schwingung versetzt*
> *und sie zum winzigen Sonnensystem des Atoms*
> *zusammenhält. Da es aber im ganzen Weltall weder*
> *eine intelligente noch eine ewige Kraft an sich gibt,*
> *müssen wir hinter dieser Kraft einen bewussten,*
> *intelligenten Geist annehmen.*
> *Dieser Geist ist der Ursprung aller Materie."*

Der dies sagte, ist niemand anderer als der Nobelpreisträger Max Planck.

Sind Atome *'intelligent'?* Unser Gehirn besteht auch aus unzähligen Atomen. Billionen von *'dummen'* Atomen tun sich zusammen und werden plötzlich intelligent...? Wie können Atome eine so phantastische Denkmaschine wie unser Gehirn hervorbringen?

Damit stoßen wir wieder auf die beschriebene geistige Kraft. Eine geistige Kraft, die der Ursprung des Lebens ist, also eine universelle Kraft.

Sehr weitreichend ist nun die Frage, ob wir mit unserem Denken direkten Einfluss auf Materie nehmen können.

Die beiden Gesetze der Erhaltung von Materie und Energie gehören zum sichersten Erkenntnisgut, das die Naturwissenschaft besitzt. Der große deutsche Physiker Albert Einstein vereinigte diese beiden Gesetze zu einem einzigen, indem er aufzeigte, dass Masse und Energie nur zwei verschiedene Wesensformen der gleichen Erscheinung sind. Ein wichtiges Ergebnis der Einsteinschen Relativitätstheorie war nämlich die Erkenntnis, dass Masse und Energie im Grunde ein und dasselbe sind und sich unter bestimmten Umständen wechselseitig ineinander verwandeln können.

Einstein sagte:

> **„Stoff ist verdichtete Energie,**
> **beides lässt sich ineinander umwandeln."**

Es ist wirklich ein glücklicher Umstand, dass eine der wichtigsten Beziehungen in der mathematischen Physik so einfach aufgebaut ist. Diese Gleichung ($E=mc^2$) besagt nämlich lediglich, dass man eine bestimmte Masse m mit dem Quadrat der Lichtgeschwindigkeit (297.000 km/sec.) multiplizieren muss, um den Betrag an Energie zu erhalten, der in dieser Masse enthalten ist und frei wird, wenn sich diese Masse durch irgendeinen physikalischen Prozess in Energie verwandelt.

Am bemerkenswertesten ist dabei, dass das Quadrat der Lichtgeschwindigkeit so groß ist, dass selbst in einer winzigen Masse ein ungeheurer Betrag an Energie stecken muss.

In der graphischen Darstellung sehen wir einige Größenordnungsvergleiche. So steckt in 1 Gramm Materie eines jeden Stoffes eine Energie von 20 Billionen Kalorien. Diese würde ausreichen, um einen See mit einem Durchmesser von 700 Metern und einer Tiefe von 4 Metern zum Kochen zu bringen.

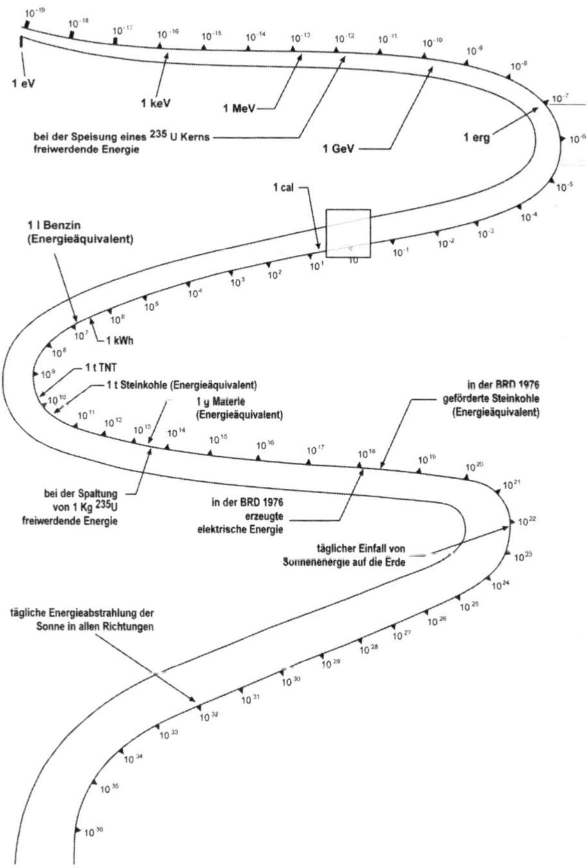

Sind Gedanken nicht ebenso Energie?

Jeder Arzt wird Ihnen bestätigen, dass Menschen mit einem starken Lebenswillen schneller gesunden als Menschen, die dem Leben eher unwillig und negativ gegenüberstehen.

Sind z. B. Heilprozesse nicht autonome Vorgänge? Nehmen wir zum Beispiel einen kleinen Kratzer an der Hand. ‚*Nur*' ein kleiner Kratzer, der in wenigen Tagen verheilt sein wird. Bedenken Sie aber, wie viele Millionen und Milliarden von Atomen sich neu strukturieren müssen, um diesen ‚*kleinen*' Kratzer zu beseitigen. Eigentlich ist dies allein schon ein Wunder.

Noch vor wenigen Jahrzehnten sahen die Physiker das Atom als kleinsten Baustein der Materie an. Man vermutete sogar, dass das Proton des Kerns etwas Stabiles, dass es Urbestand der Materie sei.

Doch die neuesten Forschungen beweisen, dass diese These unrichtig ist. Wissenschaftler entdeckten die dauernde Bildung neuer kleinster „Subminiaturelementarteilchen". Diese haben ihren Ursprung im Proton und im ganzen Kern. Allerdings haben diese Teilchen eine extreme Kurzlebigkeit. Kaum gebildet, verschwinden sie bereits wieder im Atomkern. Die Zeitgrößenordnung: Etwa 10^{-8} bis 10^{-21} Sekunden, d. h. bis zu 0,000000000000000000001 sec.

Diese Teilchen umgeben z. B. das Proton in einer eng umschließenden Wolke. Physiker nennen diese Wolke '*Quantenfeld*'. Dieses Feld ist aber unsichtbar und masselos. Die These der Stofflichkeit der Atome ist somit nicht haltbar.

In seinem Buch 'Wendezeit' schreibt Capra darum Folgendes:

„Die experimentelle Erforschung der Atome zu Beginn des Jahrhunderts brachte sensationelle und völlig unerwartete Ergebnisse.

Die Atome waren keineswegs die harten und festen Teilchen, für die man sie immer gehalten hatte, sondern erwiesen sich als weiter Raum, in dem sich extrem kleine Teilchen - die Elektronen - um den Kern bewegten.

Einige Jahre später machte die Quantentheorie deutlich, dass selbst die subatomaren Teilchen - die Elektronen sowie die Protonen und Neutronen innerhalb des Kerns - keine Festkörper im Sinne der klassischen Physik sind.

Die subatomaren Einheiten der Materie sind sehr abstrakte Gebilde mit einer doppelten Natur. Je nachdem, wie wir sie ansehen, erscheinen sie manchmal als Teilchen, manchmal als Wellen. Diese Doppelnatur zeigt auch das Licht, das als elektromagnetische Schwingung oder als Teilchen auftreten kann. Die Teilchen des Lichts wurden zuerst von Einstein „Quanten" genannt - daher der Ausdruck „Quantentheorie" - und sind jetzt als Photonen bekannt."

Und an anderer Stelle zeigt Capra auf, welche Schwierigkeiten Wissenschaftler mit dem ‚Wesen' der Materie haben. Es geht dabei um das berühmt gewordene EPR-Experiment. In der vereinfachten Form des Experiments geht es dabei um zwei kreiselnde Elektronen (Elektronenkreiseln = Spin). Die Geschwindigkeit des Spins ist immer die gleiche, doch kann das Teilchen bei einer gegebenen

Rotationsachse in der einen oder anderen Richtung kreiseln. Physiker bezeichnen diese beiden Werte des Spins oft als ‚up' und ‚down', wobei in diesem Fall die Rotationsachse des Teilchens vertikal ist. Legt man in einer Versuchsanordnung den Spin des ersten Teilchens fest, hat das andere Teilchen automatisch die entgegengesetzte Rotationsachse.

Der Clou an der Geschichte: Das Teilchen erhält im Augenblick der Messung eine bestimmte Rotationsachse; man kann jedoch nicht sagen, dass es schon vor der Messung um eine bestimmte Achse kreiselte. Da hat es nur die Tendenz oder das Potential, das zu tun! Capra schreibt:

Der entscheidende Punkt ist nun, dass wir unsere Messachse im letzten Augenblick wählen können, wenn die beiden Teilchen schon weit voneinander entfernt sind. In dem Augenblick, in dem wir unsere Messung an Teilchen 1 durchführen, wird Teilchen 2, auch wenn es Tausende von Kilometern entfernt ist, einen ganz bestimmten Spin annehmen: „aufwärts" oder „abwärts", wenn wir eine vertikale, „links" oder „rechts", wenn wir eine horizontale Achse gewählt haben.

Woher aber weiß Teilchen 2, welche Achse wir gewählt haben? Es hat überhaupt keine Zeit, diese Information mittels eines konventionellen Signals zu empfangen.

Das ist der springende Punkt am EPR-Experiment und auch der Punkt, an dem Einstein mit Bohr nicht übereinstimmte. Für Einstein war, da sich kein Signal schneller als mit Lichtgeschwindigkeit fortpflanzen kann, es unmöglich, dass die an einem Teilchen vorgenommene Messung im selben Augenblick die Richtung des Spins des anderen, Tausende von Kilometern entfernten Teilchens bestimmen kann. Nach Bohr ist das Zwei-Teilchen-System ein unteilbares Ganzes, selbst wenn die Teilchen durch riesige Entfernungen voneinander getrennt sind. Ein solches System kann man nicht unter dem Aspekt unabhängiger Teile analysieren.

Anders ausgedrückt: Die kartesianische Anschauung von der Wirklichkeit ist auf die beiden Elektronen nicht anwendbar. Obwohl im Raum weit voneinander getrennt, sind sie durch unmittelbare, nichtlokale Zusammenhänge miteinander verbunden. Diese Zusammenhänge sind keine Signale im Einsteinschen Sinne; sie transzendieren unsere konventionelle Vorstellung von Informationsübermittlung.

Bells Theorem unterstützt Bohrs Deutung, die beide Teilchen als unteilbares Gan-

zes sieht, und weist unbestreitbar nach, dass Einsteins kartesianische Weltanschauung mit den Gesetzen der Quantentheorie unvereinbar ist.

In einem 1951 erschienenen Lehrbuch der Quantentheorie zieht David Bohm interessante Vergleiche zwischen Quantenvorgängen und Denkvorgängen, womit er die zwei Jahrzehnte zuvor von James Jeans getroffene berühmte Feststellung noch erweiterte:

„Heute besteht ein großes Maß an Übereinstimmung,
... dass der Strom unserer Erkenntnisse sich in Richtung
einer nicht-mechanischen Wirklichkeit bewegt;
das Universum beginnt mehr wie ein großer Gedanke
denn wie eine große Maschine auszusehen."

Auf irgendeine Art und Weise scheint es also eine ‚Kommunikation' zwischen Materie zu geben, wie das EPR-Experiment beweist.

Wie real ist die ‚Realität' also? Wenn Sie schlafen und träumen ... ist der Traum dann ‚real'? Während des Traums empfinden Sie diesen durchaus als ‚real'. Wie kann man dieser ‚Wirklichkeit' entfliehen? Indem man aufwacht! Sie müssen erst aufwachen, um zu erkennen, dass es nur ein Traum war! In alten Überlieferungen heißt es:

Die Welt ist der Traum Gottes.

Wer sagt Ihnen, dass Sie im Moment nicht ‚träumen'? Stellen Sie sich folgende Szene vor: Sie träumen - wachen auf und gehen Ihrem täglichen Handwerk nach - und wachen plötzlich wieder aus diesem Traum auf... Die erste Initiation bei Einweihungsschulen wird deshalb oft als ‚Erwachen' bezeichnet.

Als man das Grab des Hermes öffnete, erwartete man das größte Geheimnis aller Zeiten. Richtig verstanden, war es auch so! Das Geheimnis lautete:

„Wie drinnen, so draußen; wie oben, so unten."

Anders ausgedrückt: „*Wie im Himmel* (im eigenen Geist), *so auf Erden* (im Körper und der Umwelt)."

Noch einmal das Zitat von Einstein:

„Stoff ist verdichtete Energie,
beides lässt sich ineinander umwandeln.“

Am Anfang war also Energie. Die Energieteilchen (Quanten) haben Konzentrationen gebildet. Hieraus entstanden Elementarteilchen, dann Atome, Moleküle, Zellen usw.

Materie ist also im Grunde genommen
nur Energie, Schwingung.

Wenn Materie - ebenso wie Gedanken - letztendlich nur aus Energie besteht, kann die Frage ebenso lauten:

Kann Energie Energie beeinflussen?
Kann Energie (Gedanke) Energie (Materie) beeinflussen?

Jeder Gedanke stellt eine Energie dar und ist der Beginn eines Ablaufes, in jedem Gedanken steckt der Ursprung, die Ursache, die eine bestimmte Wirkung hervorrufen wird. Jeder Gedanke ist der Keim, der Ausgangspunkt für eine Tat, für ein Geschehen.

Nicht das, was in der Welt ist, bestimmt die Qualität Ihres Lebens, sondern wie Sie Ihre Welt gedanklich verarbeiten und wahrnehmen. *"Wir werden zu dem, was wir den ganzen Tag lang denken"*, lautet ein bekannter Ausspruch von Ralph Waldo Emerson.

Jeder Gedanke, den Sie denken,
prägt Ihr Leben von morgen.

Das können Sie bereits an dem Körper eines Menschen feststellen. Schon am optischen Eindruck des Gesichtes können Sie erkennen, ob es sich um einen zufriedenen oder weniger zufriedenen, einen glücklichen oder unglücklichen Menschen handelt.

Unser Körper besteht aus rund 70 Billionen, also 70.000 Milliarden Körperzellen, das ist eine 70 mit 12 Nullen. Jede dieser Zellen hat eine messbare Spannung von 70 - 90 MV, vergleichbar mit einem Elektrizitätswerk.

70 Billionen. Eine ungeheure Menge an Kraftwerken. In der Zeit, in der Sie den letzten Satz gelesen haben, sind in Ihrem Körper ca. 100.000 Zellen gestorben.

Jetzt sind es beinahe doppelt so viele, und morgen, um gleiche Uhrzeit, werden es mehr als 2 Milliarden sein. Aber sie sterben nicht nur, sondern sie sorgen vor ihrem Tod - durch Teilung - für gleichwertigen Ersatz.

Diese Zellen werden sofort mit dem Inhalt und der Qualität der in Ihnen vorherrschenden Gedanken programmiert - negativ oder positiv.

Alle paar Jahre haben sich Ihre Körperzellen total erneuert - negativ oder positiv?

Wir selbst entscheiden mit unserem Denken, mit welcher Art von Energie wir die neu entstehenden Zellen anfüllen!

Jeder ist heute, was er gestern gedacht hat, und wird morgen sein, was er heute denkt.

Stellen Sie sich vor, dass Sie ein ‚Magnet' positiver Energie werden. Ein magnetisiertes Stück Eisen hebt Lasten, die das eigene Gewicht um etwa das Zwölffache übersteigen - entmagnetisiert jedoch bewegt das gleiche Metallstück nicht einmal eine Büroklammer von ihrem Platz.

Richten Sie Ihr geistiges Denken auf Erfolg, Gesundheit, Glück und Harmonie aus, und laden Sie sich wie ein Magnet energetisch auf. Dadurch werden Sie ganz automatisch Erfolg, Gesundheit, Glück und Harmonie anziehen! Andere Menschen werden Sie als ‚Glückskind' bezeichnen - was Sie auch anfassen, es wird zu ‚Gold'!

Eine phantastische Vorstellung, nicht wahr? Und doch ist es nur der richtige Einsatz positiven und zielgerichteten Denkens!

Übernehmen Sie deshalb Verantwortung für das, was Sie denken. Erlernen Sie eine optimistische Denkweise und setzen Sie diese Energien richtig ein.

Die Kraft Ihres Unterbewusstseins

Wir wissen nun, dass die Welt aus Energie besteht - Energie, die in irgendeiner Weise miteinander kommuniziert. Was bedeutet das für uns konkret? Wie können wir mit unseren Gedanken unser Leben positiv beeinflussen?

Zunächst müssen wir verstehen, dass wir es mit drei Bewusstseinsebenen zu tun haben:

a) das Bewusstsein
b) das Unterbewusstsein
c) das unendliche Bewusstsein

Mit Hilfe des **Bewusstseins** wählen wir aus, wie wir unser Leben gestalten möchten. Das Bewusstsein gleicht der Geschäftsleitung in einem Unternehmen. In diesem Bereich werden die Entscheidungen getroffen, hier werden die Zukunftspläne entworfen. Am Anfang jedes Prozesses steht also eine bewusste Entscheidung für ein bestimmtes Lebensziel, für Erfolg, Wohlstand, Einfluss oder Ansehen. Für jedes Ziel, das immer Sie sich aussuchen.

Das **Unterbewusstsein** ist dagegen die eigentliche Produktionsstätte, die Ebene, in welcher das Denken (= die Anweisungen) verarbeitet und umgesetzt werden.

Das Unterbewusstsein hat eine enorm hohe Bedeutung. Angelegt in tiefen Schichten unserer Persönlichkeit, reguliert es lebenswichtige Funktionen wie Herzschlag, Atmung, Verdauung usw. Aber es steuert und bestimmt auch alle unbewussten Vorgänge seelisch-geistiger Natur. Im Unterbewusstsein werden alle unsere Wahrnehmungen und Erfahrungen gespeichert. Unsere Ängste sowie alle Ursachen für Beklemmungen, Unsicherheiten kommen ebenfalls aus unserem Unterbewusstsein.

Unser Unterbewusstsein nimmt - meist ohne dass uns dies bewusst ist - enormen Einfluss auf unsere Persönlichkeitsentwicklung und unseren Charakter. Der Mensch, der Sie heute sind, Ihr Charakter, Ihre Persönlichkeit, Ihre Lebensumstände resultieren aus dem, was Sie in Ihrem bisherigen Leben gedacht und geglaubt haben. Das heißt: Sie sind das Ergebnis Ihrer eigenen Gedanken,

Erfahrungen und Überzeugungen.

Ihre Persönlichkeit und Ihr Leben wurden von Ihrem bisherigen Denken und Glauben geformt. Ihr Unterbewusstsein hatte alle Erfahrungen, alle Gedanken sorgfältig gespeichert und machte Sie damit zu dem Menschen, der Sie heute sind. Wenn Sie unzufrieden und missmutig sind - dann sind das die Spiegelungen Ihres bisherigen Denkens.

Sie sind heute, was Sie in der Vergangenheit gedacht haben. Daran können Sie nichts mehr ändern. Die gute Nachricht: Sie werden in Zukunft sein, was Sie ab heute denken. Ihr Unterbewusstsein kann Sie in Ihrer Zielsetzung unterstützen. Es wird die positiven Gedanken, die Sie ihm immer wieder übermitteln, in die Tat umsetzen. Aber: Es kann nur die Forderungen erfüllen, die Sie auch tatsächlich aufstellen.

Mit dem Bewusstsein können Sie sich jederzeit frei entscheiden, ob Sie negativ oder positiv denken möchten. Jeder Gedanke, jedes Gefühl wird sich Ihrem Unterbewusstsein einprägen. **Die Summe Ihres Denkens** wird sich später als Realität in Ihrem Leben manifestieren.

Um so präziser Sie Ihre Ziele und Wünsche definieren, um so präziser wird Ihr Unterbewusstsein diese erfüllen können. Um so öfter Sie in freudiger Erwartungshaltung Ihre Ziele und Wünsche wiederholen, um so kürzer wird der Zeitraum zwischen Wunsch und Realisierung sein.

Ihr Unterbewusstsein hält alles für wahr, was Sie ihm einprägen und was Sie bewusst glauben. Es findet keine logische Überprüfung statt - es werden keine Einwände gemacht. Ihr Unterbewusstsein gleicht dem Erdreich, das jeden Samen, ob gut oder schlecht, in sich aufnimmt. Ihr Unterbewusstsein prüft also nicht nach, ob Ihre Gedanken gut oder schlecht sind - sondern wird diese lediglich realisieren. Als ‚Kapitän auf der Brücke‘ müssen Sie mit Ihrem Bewusstsein die Befehle geben und den richtigen Kurs wählen - die Mannschaft im Maschinenraum (Unterbewusstsein) führt lediglich die Befehle aus.

Eine weitere Eigenschaft des Unterbewusstseins kann nicht hoch genug eingeschätzt werden: Das Unterbewusstsein verschafft Ihnen den Zugang zum **‚unendlichen Bewusstsein‘**, zu dem, was auch als ‚unendlicher Geist‘, ‚universeller Geist‘ oder ‚kosmisches Bewusstsein‘ bezeichnet wird. Religiöse Menschen setzen dieses unendliche Bewusstsein mit dem Begriff ‚Gott‘ gleich.

Selbst Albert Einstein und Max Planck, zwei Naturwissenschaftler, deren Arbeit von Rationalität und Logik bestimmt war, kamen – an den Grenzen ihrer Forschungen angelangt – zu der Einsicht, dass es ein ‚unendliches Bewusstsein‘ geben muss.

Unendlich in diesem Sinne meint Unendlichkeit des Wissens und der Macht, sowohl räumlich als auch zeitlich. Mit unserem Verstand ist diese Bewusstseinsform nicht wirklich nachvollziehbar. Für uns ist aber entscheidend zu verstehen, dass wir über unser Unterbewusstsein Zugang zu diesem unendlichen Bewusstsein haben.

Über diese Verbindung - vom Unterbewusstsein zum unendlichen Bewusstsein - gelingt es Ihnen, die Gedanken und Vorstellungen, an die Sie fest und unbeirrbar glauben, auch tatsächlich in die Tat umzusetzen.

Das magische Quadrat von Wunsch, Glaube, Erwartung und Ethik

Die Grundlage jedes Erfolges ist das magische Quadrat aus Wunsch, Glaube, Erwartung und Ethik. Das Zusammenwirken dieser vier Kräfte ist es, das den persönlichen Erfolg im Leben ermöglicht.

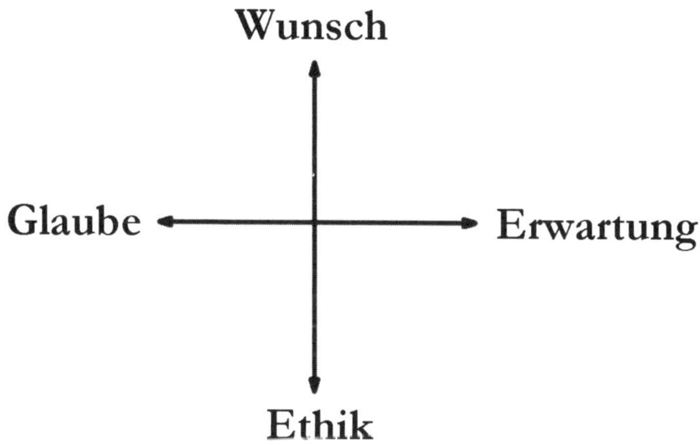

In die Praxis übertragen, bedeutet dies:

a) Sie müssen den starken, den **intensiven Wunsch** haben, ein bestimmtes Ziel erreichen zu wollen.

b) Sie müssen den **festen und tiefen Glauben** haben, Ihr Lebensziel verwirklichen zu können.

c) Sie müssen voller Zuversicht sein, Sie müssen **von der Erwartung erfüllt** sein, dass Sie dieses Ziel erreichen können.

d) Sie müssen **ethisch** handeln und dürfen keinem anderen Menschen Schaden zufügen, da sonst Ihr Bewusstsein über das Gewissen die Verwirklichung verhindern würde.

Dieses magische Quadrat aus Wunsch, Glaube, Erwartung und Ethik bestimmt langfristig den Wert und die Qualität unseres Lebens.

Es liegt an uns, welche Ziele wir uns setzen. Zusätzlich müssen wir von dem Glauben erfüllt sein, dass wir diese Ziele auch erreichen werden.

Wenn man sich mit den Biographien großer Persönlichkeiten beschäftigt, gleichgültig, ob sie auf politischem, naturwissenschaftlichem oder philosophischem Gebiet tätig waren, erkennt man schnell, dass diese Menschen von einem tiefen Glauben an Ihre Fähigkeiten und Ziele regelrecht beseelt waren.

In der Bibel heißt es: *"Alle Dinge sind möglich dem, der da glaubt."*

Auf psychologischer Ebene wurde bewiesen, dass der Mensch alle Ziele erreichen kann, die er sich vorzustellen vermag, an deren Verwirklichung er unerschütterlich glaubt.

William James stellte dazu fest: *"Der Glaube erzeugt die Tatsachen."*

Und: *"Über das Gelingen oder Scheitern Ihrer Pläne entscheidet ein wichtiger Faktor: Die Intensität, mit der Sie daran glauben. Ohne Glauben gibt es keinen Erfolg. Das ist die fundamentale Wahrheit."*

Die Wirksamkeit des Glaubens hat nichts mit einer bestimmten Glaubensrichtung zu tun. Ob Christ, Buddhist oder Moslem: Ist jemand von einer starken inneren Überzeugung getragen, dass seine ‚Gebete' erfüllt werden, wendet er dadurch die Kraft des universellen Erfolgsgeheimnisses an.

Sehen Sie aus dieser Sicht die Bibelworte: *„Glaubet, Ihr habt empfangen, und es wird euch gegeben werden."* und: *„Es geschieht Euch nach Eurem Glauben."*

William James sagt klar und deutlich: *"Wenn dir nur genug am Angestrebten liegt, wirst du es erreichen. Willst du reich werden, so wirst du reich werden; wenn du gelehrt werden willst, wirst du gelehrt werden; willst du ein guter Mensch werden, wirst du auch einer. Nur musst du das Angestrebte tatsächlich wollen."*

An anderer Stelle weist der große Psychologe auf einen weiteren wichtigen Punkt hin: *"Nur muss der Mensch, was er anstrebt, wirklich wollen; er muss, was er will, ausschließlich anstreben und darf nicht gleichzeitig hundert andere Ziele ebenfalls erreichen wollen, die mit seinem Hauptziel unvereinbar sind."*

Der Glaube fällt nicht vom Himmel. Der Glaube ist eine Geisteshaltung, die durch Autosuggestion entsteht.

Mit diszipliniertem und kontrolliertem Denken sind wir in der Lage, uns bewusst auf die Verwirklichung unserer Ziele zu konzentrieren. Erreicht unser Glaube die Stärke und die Intensität, welche zur Erfüllung eines Wunsches nötig ist, wird sich der Wunsch manifestieren.

Der Glaube ist die Summe des Denkens!

Wir müssen also unsere Ziele klar definieren und uns darauf konzentrieren. Auch sollten wir nicht zu viele Ziele gleichzeitig anstreben - schon gar nicht, wenn diese im Widerspruch zueinander stehen. Dafür müssen wir die notwendige geistige Disziplin anwenden.

Jesus sagte zu seinen Jüngern:

„Wenn ihr Glauben habt wie ein Senfkorn, so könnt ihr sagen zu diesem Berge: Heb dich dorthin!, so wird er sich heben; und euch wird nichts unmöglich sein."

„Und alles, was ihr bittet im Gebet, wenn ihr glaubt, so werdet ihr's empfangen."

Der ‚Turbo' zum Erfolg:

Autosuggestion!

Die Macht der Suggestion

Der französische Apotheker und Psychotherapeut Emile Coué war der Erste, der die Bedeutung der Suggestion erkannte. Er prägte die berühmt gewordene Formel:

"Jeden Tag geht es mir in jeder Hinsicht immer besser."

Er wies seine Patienten an, diese Formel so oft wie möglich zu wiederholen und an ihre Richtigkeit zu glauben. Coué erreichte auf diese Weise bemerkenswerte Erfolge.

Wenn bis zu 90 Prozent der Krankheiten auf psychosomatische Ursachen zurückzuführen sind, wovon heute nicht wenige Mediziner ausgehen, dann ist es nur folgerichtig, wenn man sich bei der Behandlung auf die eigentlichen Ursachen konzentriert. Genau das tat Coué: Er räumte psychische Störungen auf psychotherapeutischem Wege aus. Diese Suggestionstherapie war auch dann wirksam, wenn allein physisch bedingte, also organische Erkrankungen vorlagen.

Die Grundlage dieser Behandlungsmethode ist einfach: Über das Bewusstsein soll das Unterbewusstsein positiv beeinflusst werden. Auf diese einfache Weise ist die Heilung vieler Krankheiten möglich.

Was ist das Wesen einer Suggestion? Die Wirksamkeit der Suggestion beruht darauf, dass man bestimmte Vorstellungen erzeugt. Vorstellungen, die im Bereich des Unterbewusstseins geweckt werden. Damit ist uns die Möglichkeit gegeben, unsere Gefühle, Einschätzungen und unseren Willen zu beeinflussen.

Auch hier gilt wieder: Je stärker, je intensiver diese Vorstellung geweckt wird, desto leichter zeitigt sie Wirkung und desto länger wird diese Wirkung andauern.

Es gibt zwei Arten der Suggestion:

a) **Autosuggestion:** Wir möchten eine bestimmte Vorstellung in uns selbst zur Wirkung kommen lassen.

b) **Fremdsuggestion:** Wir möchten eine bestimmte Vorstellung bei einem anderen Menschen hervorrufen.

Die Basis jeder Fremdsuggestion ist im Kern immer eine Autosuggestion. Nur wenn die Vorstellung, die wir einem anderen Menschen übermitteln wollen, auch in uns selbst sehr stark vorhanden ist, können wir sie auf eine andere Person übertragen.

Das erklärt auch das Charisma und die suggestive Wirkung, die manche Menschen auf ihre Umgebung haben. Diese Menschen sind von ihren eigenen Fähigkeiten in starkem Maße überzeugt. Nur wer an sich selbst glaubt, wirkt auch auf andere Menschen überzeugend.

Anders herum: Wer nicht an sich selbst glaubt, wer nicht von sich selbst überzeugt ist, braucht auch nicht zu erwarten, dass andere Menschen an ihn glauben.

Eine Suggestion wird nicht im Bewusstsein wirksam, sondern im Unterbewusstsein. Vermutlich haben Sie schon einmal eine Hypnose-Show gesehen. Menschen können in Hypnose schmerzunempfindlich werden, Zitronen genüsslich als Melone verzehren uvam. Bei wissenschaftlichen Untersuchungen wurde bestätigt, dass geweckte Vorstellungen Körperfunktionen beeinflussen konnten. Die Suggestion, einen Liter Wasser getrunken zu haben, führte zu einer höheren Urinabgabe!

Der Ausgangspunkt einer Suggestion ist immer ein Gedanke, der in eine bildhafte Vorstellung umgewandelt wird. Doch erst wenn diese Vorstellung in unserem Unterbewusstsein verankert ist, kann die Suggestion die Wirkung entfalten.

Von Professor Ch. Baudouin stammt die Feststellung: *"Suggestion ist die unterbewusste Verwirklichung einer Idee."*

Und der Psychologe Fritz Lambert vertritt die Auffassung: *"Alles, was uns seelisch beeinflusst, ist Suggestion. Denn in dem Augenblick, in dem wir einer seelischen Beeinflussung unterliegen, wird ein entsprechender Glaube ausgelöst."*

In unserem täglichen Leben werden wir ständig, bewusst oder unbewusst, von Suggestionen beeinflusst. Denken Sie nur an die uns umgebende Werbung in Magazinen, Radiosendungen, im Fernsehen, auf Plakaten usw.

Suggestionen erfolgen aber nicht nur von außen, sondern wir selbst beeinflussen uns ebenfalls ständig - durch unser Denken! Jeder Gedanke, jede Vorstellung, jede Emotion prägt und bildet unsere Persönlichkeit. Wir beeinflussen unser Leben durch unser Denken wesentlich stärker als die meisten Menschen vermuten.

In Kenntnis dieser Tatsache müssen wir uns vor Augen halten, wie wichtig die Inhalte unseres Denkens, unserer Vorstellungen und unserer Emotionen sind. Wir müssen lernen, konsequent unsere negative Gedanken durch positive zu ersetzen. Solange wir unser Denken und unsere Vorstellungen nicht kontrollieren können, solange sind wir der Gewalt des Denkens hilflos ausgeliefert.

Die gute Nachricht: Wir können durchaus lernen Gedanken zu kontrollieren und mit Hilfe der Autosuggestion positive Botschaften tief in unserem Unterbewusstsein zu verankern. Dazu müssen wir die Gesetze der Suggestion kennen und anwenden. Wenn wir diese Gesetze verstehen und ihre Wirkungsweise begreifen, können wir die Autosuggestion richtig einsetzen. Über diesen Weg können wir nahezu unglaubliche Erfolge erzielen.

Die Gesetze der Suggestion

Das Unterbewusstsein denkt in Bildern

Sicher kennen Sie das alte chinesische Sprichwort:

"Ein Bild sagt mehr als tausend Worte!"

Der Mensch denkt in Bildern. Mit Hilfe Ihrer Gedanken, die Sie in Form von bildhaften Vorstellungen Ihrem Unterbewusstsein einprägen, können Sie Ihr Leben und Ihre Zukunft gestalten. Mit jeder dieser bildhaften Vorstellungen geben Sie Ihrem Unterbewusstsein den Auftrag, Ihr Leben in der gedachten Richtung zu steuern.

Schon in der Bibel steht: *"Wie ein Mensch denkt, so ist er."*

**Diese Erkenntnis ist Teil aller großen Religionen
und Philosophien.**

Auch psychologische Untersuchungen haben ergeben, dass ein Mensch so wird, wie er es sich vorstellt. Ein Mensch entspricht seinem gedanklichen Selbstbildnis. Sie werden so, wie Sie sich vor Ihrem geistigen Auge sehen.

Der Philosoph Ralp Waldo Emerson drückt dies so aus:

*"Es gibt keinen Gedanken in irgendeinem Kopf,
der sich nicht rasch in irgendeine Macht verwandelt."*

Es ist die Macht Ihrer bildhaften Vorstellungen, die Sie zur Verwirklichung Ihres Zieles führt.

**Ihre Zukunft wird sich so gestalten,
wie Sie diese vor Ihrem geistigen Auge sehen.**

Die Sprache unseres Unterbewusstseins ist eine Sprache der Bilder. Mit Ihrem

Bewusstsein können Sie jederzeit dem Unterbewusstsein die gewünschten Bilder übermitteln. Stellen Sie sich beispielsweise eine Situation aus Ihrer Vergangenheit vor. Sie können diese Bilder vor Ihrem geistigen Auge sehen.

Umgekehrt können wir aber auch durch Imagination Wunschbilder geistig entstehen lassen. Die Schulung unserer Vorstellungs- und Imaginationskraft ist also von entscheidender Bedeutung. Wir müssen lernen, unserem Unterbewusstsein exakte Bilder zu übermitteln, die in allen Einzelheiten zeigen, was wir anstreben.

Sie finden in diesem Buch konkrete Übungen, mit welchen Sie in der Lage sein werden, solche präzisen Bilder an das Unterbewusstsein weiterzureichen. Zunächst werden wir vorhandene Bilder und Abbildungen benutzen - in einer zweiten Stufe werden Sie lernen, diese bildhaften Vorstellungen vor Ihrem geistigen Auge erscheinen zu lassen.

Der Glaube ist stärker als der Wille

Vermutlich würden Sie das universelle Erfolgsgeheimnis am liebsten dadurch testen, dass Sie noch heute einen Lottoschein ausfüllen oder ein Casino besuchen. Natürlich WOLLEN Sie gerne im Lotto einen Sechser haben oder die Casinobank sprengen - aber GLAUBEN Sie auch wirklich daran, dass Ihnen dies gelingt?

Untersuchungen haben übrigens gezeigt, dass über 80 Prozent der Lottomillionäre schon nach zwei Jahren mehr Schulden als vorher hatten. Der materielle Gewinn entsprach offensichtlich bei den meisten nicht dem geistigen, seelischen Volumen.

Auch im Gesundheitsbereich lässt sich das nachvollziehen: In der Regel hat jeder kranke Mensch den Willen, wieder schnell zu gesunden - aber nur wenn er an eine schnelle Heilung glaubt, wird diese auch eintreten. ‚Wunderheilungen' an Wallfahrtsorten sind so erklärbar. Glaubt jemand wirklich zutiefst, dass er schon durch den Besuch eines ‚heiligen' Ortes gesunden wird, kann sich das in einigen Fällen tiefsten Glaubens durchaus manifestieren - wie wir von vielen Berichten wissen. Grundlage dieser ‚Wunderheilungen' war aber der bedingungslose Glaube an die sofortige Genesung. Gerade in solchen Fällen sieht man die unvorstellbare Macht, die unser Unterbewusstsein über unseren Körper hat.

Dieses Beispiel zeigt wieder deutlich, dass wir sehr wohl Herr unserer Geschicke sind. Es gibt kaum etwas, was wir nicht erreichen können - wenn wir es nur wirklich wollen und auch daran glauben.

Es kann aber nur das eintreten, was man erwartet. Menschen können nur solche Dinge im Leben verwirklichen, die sie sich auch vorstellen können. Anders ausgedrückt: Was Sie sich vorstellen können, können Sie auch verwirklichen.

Manche Menschen erreichen trotz aller willentlicher Anstrengungen nicht ihre Ziele. Umgekehrt gelingt anderen Menschen die Verwirklichung ihrer Bestrebungen scheinbar mühelos, ohne dass sie dafür größere Anstrengungen aufbringen müssten.

Der Grund: Diese Menschen kennen das universelle Erfolgsgeheimnis, sie sind sich der Suggestionsgesetze bewusst und lassen diese für sich arbeiten. Sie sind von den bildhaften Vorstellungen ihrer Ziele so stark erfüllt, dass in ihnen keine entgegengesetzten Vorstellungen wirksam werden können. Auf diesem Wege erreichen sie ihre Ziele ohne große Mühen.

Eine Anstrengung bewirkt oft das genaue Gegenteil unserer Absicht

Wer mit willentlicher Anstrengung etwas erzwingen will, wird das Gegenteil erreichen. Wenn Sie sich zwingen wollen einzuschlafen, werden Sie hinterher wacher sein als zuvor.

Wir müssen lernen, unserem Unterbewusstsein unsere Ziele in Bildern zu überreichen. Dabei müssen wir aber auch loslassen können. Der ideale Zeitpunkt ist kurz vor dem Einschlafen. Stellen Sie sich geistig vor, wie Sie bereits Ihre Ziele erreicht haben, sehen Sie es, fühlen Sie es, riechen Sie es - um so mehr Sinne Sie einschalten, um so stärker wird sich die Vorstellung Ihrem Unterbewusstsein einprägen. Seien Sie von der Freude erfüllt, es bereits erhalten zu haben. Lassen Sie dann die Bilder verblassen und schlafen Sie mit einem freudigen Gefühl ein. Und wachen Sie mit einem freudigen Gefühl am nächsten Morgen auf.

Sie müssen sich ein positives Denken nicht ‚erkämpfen'. Es hat z. B. keinen Sinn, willentlich nicht an einen störenden Gedanken denken zu wollen. Wenn Sie krampfhaft versuchen, keine negativen Gedanken aufkommen zu lassen, werden Sie das genaue Gegenteil erreichen. Sonst geht es Ihnen wie Hiob: *„Was ich am meisten fürchtete, ist über mich gekommen."*

Verfahren Sie stattdessen folgendermaßen: Seien Sie sich der Tatsache bewusst, dass Sie Ihre Gedanken frei wählen können. Entscheiden Sie sich für Ihre positiven Vorstellungen, widmen Sie Ihre ganze Aufmerksamkeit Ihren wirklichen Zielen, Ihren Wünschen. Dann wird für entgegengesetzte Vorstellungen und für negative Gedanken überhaupt kein Raum und keine Zeit mehr sein.

Positive Gedanken haben eine höhere ‚Frequenz' als negative. Licht ist immer stärker als die Finsternis.

Dort wo Finsternis herrscht, muss das Licht nicht mit der Dunkelheit kämpfen. Wenn das Licht kommt, ist die Finsternis automatisch verschwunden.

Ändern Sie Ihre Situation, indem Sie konsequent umdenken und dadurch eine neue Realität schaffen:

Wenn es Ihnen schlecht geht - stellen Sie sich vor, wie gut es Ihnen geht und wie schön das Leben ist.

Wenn Sie krank sind - stellen Sie sich vor, wie Sie schon wieder gesund und fröhlich umherlaufen.

Wenn Sie finanzielle Probleme haben - stellen Sie sich vor, wie Sie in Reichtum leben.

Wenn Sie Ärger mit dem Partner haben - stellen Sie sich vor, wie eine vollkommene und harmonische Beziehung zwischen Ihrem

Partner und Ihnen besteht.

Durch meinen Beruf war ich oft mit dem Auto unterwegs, auch nachts. Wenn ich mit über 200 km in der Stunde auf der Autobahn unterwegs war, um schnell nach Hause zu kommen, tauchten auch Vorstellungsbilder auf wie „Was ist, wenn jetzt ein LKW dich nicht sieht und einfach auf die linke Spur fährt...“, „Was, wenn ein Reh auf die Autobahn läuft...“. Hätte ich mich in solche Gedanken hineingesteigert, wäre es vielleicht wirklich gefährlich geworden; ich wäre schon dadurch unsicherer gefahren.

Ich entschied mich immer, einfach an etwas anderes zu denken. Ich stellte mir das ERGEBNIS der Autofahrt vor. Ich öffne zu Hause die Tür, meine Kinder und meine Frau laufen auf mich zu, umarmen und begrüßen mich... Ich nahm also geistig das positive ENDRESULTAT vorweg.

Das Nachdenken über quälende Gedanken ist bedeutungslos - gefährlich sind nur die Schlüsse, die man daraus zieht.

Sorgen sind zumeist nur der negative Gebrauch der kreativen Vorstellungskraft. Das hat nichts mit einer guten Vorausplanung zu tun. Planen Sie bestmöglich - und dann erwarten Sie das positive Resultat, ohne es zu zerreden. Wie viel Prozent Ihrer Sorgen, die Sie sich schon gemacht haben, sind dann auch wirklich eingetreten? Die meisten Menschen, denen ich diese Frage stelle, antworten mit zwischen 1 und 10 Prozent. Wer also ist der Realist? Der Mensch, der sich immer ausmalt, was alles schief gehen könnte (diese Menschen bezeichnen sich ja oft als ‚Realisten‘), oder ist der wirkliche Realist nicht der Mensch, der ja ohnehin weiß, dass nur wenige Prozent möglicher Sorgen eintreten werden! Lassen Sie sich von notorischen Schwarzmalern nicht herunterziehen!

Sie haben die freie Wahl zu denken, was Sie denken möchten. Das ist die eigentliche Freiheit des Menschen. Dadurch gestalten Sie Ihr Schicksal selbst. Kämpfen Sie nicht gegen negative Gedanken an - ersetzen Sie diese durch positive Gedanken!

Der Lösungssatz für die Umwandlung von negativen Gedanken in positive lautet: **Was wäre, wenn es bereits verwirklicht wäre?**

Aufgrund dieser Fragestellung beschäftigen Sie sich automatisch mit dem positiven Aspekt!

Erfolg ist nur auf Dauer möglich

Dauerhafter und bleibender Erfolg ist nur dann zu erreichen, wenn Sie – in oft mühevoller Kleinarbeit – die negativen Inhalte Ihres Unterbewusstseins in positive bildhafte Vorstellungen umwandeln. Erst wenn mindestens 51 Prozent der in Ihrem Unterbewusstsein gespeicherten Gedanken positiver Natur sind, kann Ihr Handeln automatisch erfolgreich sein.

Es muss Ihr ständiges Bemühen sein, die Inhalte Ihres Unterbewusstseins zum Positiven hin zu verändern. Zu Beginn dieses Prozesses kann es oft so sein, dass Ihnen negative Gedanken oder Aussagen erst dann bewusst werden, wenn Sie sie bereits gedacht oder ausgesprochen haben. Aber: Wandeln Sie auch diese Gedanken in positive Vorstellungen um. Seien Sie sich der Tatsache bewusst, dass Sie Ihre Gedanken frei wählen können, dass Sie allein über die Inhalte Ihrer Gedanken bestimmen können. Nach einiger Zeit werden Sie feststellen, dass Sie automatisch und unwillkürlich die positiven Gedanken und Formulierungen verwenden.

Schaffen Sie die Grundlage für dauerhaften Erfolg:

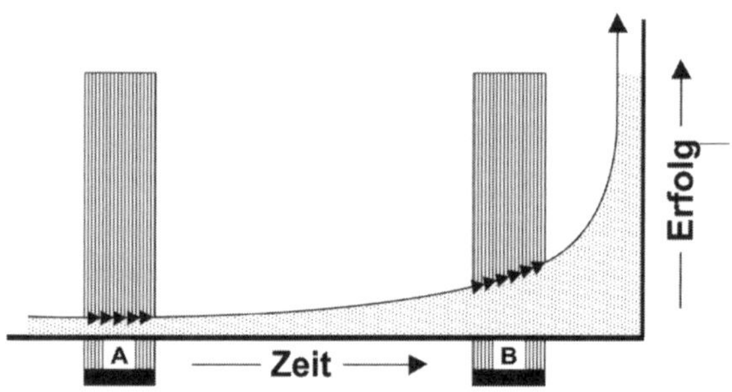

Überschreiten Sie die 51-Prozent-Grenze!

Die beiden Zeiträume A und B sind gleich lang. Aber der Fortschritt im Zeitraum B erfolgt wesentlich schneller. Auch wenn es Ihnen einmal so erscheint, als wenn es nicht richtig vorwärts gehen würde - machen Sie weiter! Sie können kurz vor dem Durchbruch stehen.

Man muss etwas lange genug getan haben,
um darin wirklich erfolgreich zu werden!

Die meisten Menschen scheitern an dieser Hürde. Man beginnt etwas - es funktioniert nicht gleich - und man gibt sofort wieder auf. Tausend Dinge werden begonnen - Tausend Dinge erfolglos abgebrochen. Es ist, als wenn ich einen Samen in die Erde eingrabe - und ihn schon nach kurzer Zeit enttäuscht wieder ausgrabe. Man muss ihn eben Wurzeln schlagen und wachsen lassen.

Sprechen Sie mit erfolgreichen Menschen: Sie werden sofort feststellen, dass dies Kämpfer waren. Auch bei Misserfolgen haben diese einfach so lange weitergemacht, bis es funktioniert hat. Aus jedem Misserfolg lernte man und versuchte es auf eine modifizierte, bessere Art nochmals. Ein stetes Voranschreiten mit Beharrlichkeit und Ausdauer. Fehler sind nur dazu da, um aus ihnen zu lernen, wie man es richtig macht.

Der Erfolgreiche macht da weiter,
wo der Erfolglose aufgegeben hat!

Merken Sie sich einen guten Satz:

„Wer weiß, wofür es gut ist!“

Sie wissen nie, warum und weshalb Dinge passieren. Doch können Sie sicher sein, dass ein - aus Ihrer Sicht - negatives Ergebnis nicht doch für Sie gut sein könnte? Ein Beispiel: Sie haben einen kleinen Autounfall - nicht schlimm, aber ärgerlich. Doch was wäre, wenn die Frau, die den Autounfall verursacht hat, Ihre Traumfrau und die Frau Ihres Lebens wäre?

Was auch immer passieren mag: Machen Sie das Beste daraus! Sagen Sie sich immer wieder: *„Wer weiß, wofür es gut ist...!“*. Und mit dieser Erwartungshaltung werden sich überraschend viele ‚negative' Dinge als wichtige Meilensteine auf Ihrem Weg zum Erfolg herausstellen.

Ich weiß nicht, was aus meinem Leben geworden wäre, wenn ich mit 28 Jahren nicht in finanzielle Schwierigkeiten gekommen wäre. Hätten Sie mir bei einem Kontostand, der 500.000 Euro Minus aufwies, den Satz *„Wer weiß, wofür es gut ist...“* an den Kopf geworfen, hätte ich das vermutlich nicht sehr lustig gefunden. Aber nachträglich gesehen, war es sicher eine wichtige Lektion in vielerlei Hinsicht. Nur mit dieser Erfahrung und dem Erlernen der nötigen Disziplin bei kleinen Details konnte ich später größere Firmen erfolgreich führen.

In der Einfachheit liegt der Erfolg

Erliegen Sie nicht der Versuchung, die Dinge unnötig zu komplizieren, begehen Sie nicht den Fehler, es sich zu schwer zu machen. Denn: Der Erfolg liegt in der Einfachheit, im unkomplizierten Vorgehen.

Ein deutliches Beispiel für diese Feststellung hat vor einiger Zeit ein europäischer Politiker gegeben. Er verwies darauf, dass die Zehn Gebote aus insgesamt 279 Wörtern bestehen, dass die amerikanische Unabhängigkeitserklärung 300 Wörter zählt. Dass aber die Verordnung der Europäischen Gemeinschaft über den Import von Karamellbonbons exakt 25.911 Wörter umfasst!

Machen Sie sich klar: Etwas schwieriger zu machen, als es tatsächlich ist – das kann wirklich jeder. Aber: Komplizierte Dinge einfacher zu machen – das vermag nur der wirklich Erfolgreiche.

Ihr Unterbewusstsein antwortet in Form von Intuition

Man sagt, Erfolg sei die Fähigkeit, zur richtigen Zeit am richtigen Ort das Richtige zu tun. Dies ist nur dann möglich, wenn Sie auf Ihre ‚innere Stimme' hören.

In der Fachliteratur werden Sie viele Beispiele finden, in denen z. B. Wissenschaftler, die bereits seit Wochen und Monaten an einer Lösung arbeiteten und diese nicht fanden, plötzlich eines Nachts die richtige Lösung geträumt haben. Dies ist einer der Wege, wie Ihr Unterbewusstsein mit Ihnen kommunizieren kann.

Kennen Sie diese Situationen? Das Telefon klingelt - und Sie wissen schon im Voraus, wer am Telefon ist. Oder Ihre Kinder sind in einem anderen Zimmer - und Sie wissen einfach, dass irgendetwas nicht in Ordnung ist. Sie lernen einen Menschen kennen und haben sofort das Gefühl, dass Sie vorsichtig sein sollten uvam.

Intuition ist meist nur ein Gefühl, das zudem auch oft sehr unlogisch ist.

Die Intuition sagt, WAS man tun soll.
Sie sagt aber nicht, WARUM man es tun soll.

Logik ist ein wichtiges Element in unserem Leben. Doch Logik beruht auf Prämissen, Erfahrungen aus der Vergangenheit. Wer sagt, dass die Erfahrungen der Vergangenheit heute noch gültig sind?

Ihr Unterbewusstsein bringt Sie durch die Intuition in Kontakt mit dem unendlichen Bewusstsein. Hören Sie also hin! Blocken Sie nicht bereits im Vorfeld mit Ihrem Verstand alles ab. Hören Sie auf Ihre innere Stimme. Lernen Sie, ihr zu folgen. Mit der Zeit bekommen Sie ein sicheres Gefühl für Ihre Intuition.

Sie können Ihre Intuition auch schulen. Eine kleine Übung dazu:

Wenn Sie in Zukunft mit Ihrem Auto in die Stadt fahren, beauftragen Sie Ihr Unterbewusstsein, dass es dafür sorgt, dass Sie genau vor dem Geschäft, in das Sie gehen möchten, einen freien Parkplatz finden. Die meisten Menschen sagen: In der Stadt gibt es keine Parkplätze. Nun, Parkplätze gibt es schon - nur sind diese meistens besetzt! Weshalb sollte es also nicht ‚zu-fällig' so sein, dass in dem Moment, in welchem Sie ankommen, jemand gerade wegfährt - oder der Parkplatz ganz einfach frei ist?

In erster Linie geht es bei dieser Übung darum zu lernen, wie VORAB das Gefühl war, wenn der Parkplatz dann tatsächlich frei war. Und wie war VORAB das Gefühl, wenn der Parkplatz nicht frei war?

Diese Übung kostet Sie keine Sekunde extra Zeit - wird Ihnen im Laufe der Zeit aber einen guten Eindruck geben, wie sich Intuition anfühlt - wenn es funktioniert - und wenn es nicht funktioniert. Der wahre Meister bedient sich immer der schöpferischen Kräfte seines inneren Wesens.

Das Unterbewusstsein kann zwischen der Vorstellung und der Realität nicht unterscheiden

Die bildhaften Vorstellungen, die Sie Ihrem Unterbewusstsein übermitteln, müssen das zum Inhalt haben, was Sie sich wünschen.

Das heißt: Durch Ihre Vorstellungen beschreiben Sie diese Ziele bereits als Realität, Sie nehmen in gewisser Weise die Zukunft vorweg.

Sie stellen sich alles so vor, als wäre es bereits Wirklichkeit geworden.

Sie stellen sich – bildhaft – die Persönlichkeit vor, die Sie werden möchten, als wären Sie sie bereits.

Auf diese Weise sorgen Sie dafür, dass Ihre Wünsche verwirklicht werden. In der Psychologie spricht man bei diesem Vorgehen von der ‚ständigen Visualisierung eines Vorstellungsbildes des idealen Selbst'.

Das Bild Ihres Ideal-Ichs läuft wie ein Film vor Ihrem geistigen Auge ab, der Film zeigt, welches Aussehen Sie haben, wie Sie sprechen und sich bewegen, wie Sie handeln. Er zeigt die Persönlichkeit, die Sie sein wollen, als hätten Sie Ihr Ziel bereits erreicht.

Wählen Sie die positive Formulierung

Wie oft sagen wir, negativ ausgedrückt:

“Das ist nicht schlecht. Das ist nicht übel.”

Wir verwenden also die negative Formulierung für einen positiven Sachverhalt. Wäre es nicht besser, einfach zu sagen:

“Das ist gut!”

Oder: Den Ort, den wir aufsuchen, um wieder gesund zu werden, nennen wir, negativ ausgedrückt, das Krankenhaus. Wir könnten stattdessen die positive Bezeichnung ‚Gesundhaus‘, ‚Gesundheitshaus‘ oder ‚Gesundungshaus‘ gebrauchen. Diese Formulierung würde dem eigentlichen Zweck dieser Einrichtung gerecht.

Und: Wir gehen mit negativen Gefühlen ins Krankenhaus, wir wollen dort von einer *Krankheit* genesen. Wieso sagen wir nicht: *Ich gehe dorthin, um gesund zu werden!*

Oder nehmen wir Geld: Viele Menschen haben zu Geld ein sehr negatives Verhältnis. *„Geld macht nicht glücklich“, „Leute mit viel Geld sind alles Betrüger“, „Geld stinkt“* uvam. Fast immer hören Sie das aber von Leuten, die KEIN Geld haben! Ist auch verständlich: Wenn Sie Geld wären - und jemand würde behaupten Sie sind schlecht, böse und stinken - würden Sie zu demjenigen gehen wollen?

Aber Scherz beiseite: Wenn Sie Geld als etwas Negatives betrachten, müssen Sie sich nicht wundern, wenn Sie keines haben. Das Unterbewusstsein hält Ihnen alles vom Leib, was Sie mit Überzeugung ablehnen. Geld ist nur ein Zahlungsmittel! Die Bezahlung für eine erbrachte Gegenleistung. Anstelle von Hühnern und Kühen tauschen wir heute Münz- und Papiergeld. Was soll daran schlecht sein? Geld liebt erfolgreiche und glückliche Menschen! Lieber reich und glücklich - als arm und unglücklich!

Bemerkungen wie *„Das ist ein unlösbares Problem“, „Von Tag zu Tag wird es schlimmer“, „Ich finde keinen Ausweg“, „Es ist hoffnungslos“, „Ich weiß nicht, was ich tun soll“, „Ich kann das nicht“, „Aus mir wird nie etwas“, „Das geht bestimmt schief“, „Es hat soundso keinen Zweck“, „Man kann keinem Menschen trauen“, „Wer glaubt schon an Liebe“, „Die Welt geht vor die Hunde“* usw. sind Suggestionen, die uns erheblich schaden.

In der Tat müssen wir uns stets entscheiden, ob das berühmte Glas Wasser halb leer - oder halb voll ist! Am tatsächlichen Zustand der Füllmenge ändert sich dadurch nichts. Aber an unserem Gemütszustand, an unserer Art die Welt zu sehen, ändert eine positive Sichtweise nahezu alles! Sie selbst entscheiden in erster Linie, ob es für Sie eine ‚böse' oder ‚gute' Welt ist. Sie entscheiden mit Ihrem Denken, ob die Menschen für Sie im Kern ‚böse' oder ‚gut' sind! Und so werden Sie die Welt und die Menschen dann auch erleben.

Natürlich passieren in unserer Welt auch negative Dinge. Aber ist es wirklich nötig, sich ständig mit den gesamten negativen Schlagzeilen der Welt zu beschäftigen? Wie sagen manche Journalisten: Nur schlechte Nachrichten sind gute Nachrichten! Das ist aber in erster Linie nicht der Fehler der Journalisten, sondern der Leser, Zuhörer und Zuschauer. Nachrichten mit irgendwelchen Katastrophen verkaufen sich einfach besser. Ist es wirklich wichtig, sich diese ständigen negativen Nachrichten anzutun? Und unseren Kindern anzutun? Bekommen diese dadurch nicht einen völlig falschen Eindruck von unserer Welt?

Sie können für sich selbst entscheiden, sich in Zukunft ausschließlich mit positiven und erfolgversprechenden Dingen zu beschäftigen! Sie wissen um das Negative in der Welt, aber es wird keine Macht mehr über Ihre Gedanken und Vorstellungen haben!

Achten Sie auf die ethische Zielsetzung

Wenn Sie sich Ziele setzen, die Ihren ethischen und moralischen Grundsätzen widersprechen, wird Ihr Unterbewusstsein diese nicht annehmen. Im Gegenteil: Ihr Unterbewusstsein wird diese sogar verhindern.

Eine ethisch einwandfreie Zielsetzung sollte selbstverständlich sein. Dies ist die Grundvoraussetzung für wirklichen und dauerhaften Erfolg.

Wir leben in einer freien Welt. Aber die Freiheit des Einzelnen hört dort auf, wo die Freiheit des anderen beginnt. Oder wie es Kant im kategorischen Imperativ ausdrückt: Handle so, dass deine Handlung ein allgemeines Gesetz werden könnte.

Achten Sie auf ein ausgewogenes Geben und Nehmen. Leben und Leben lassen ist eine gute Devise. Geben ist sicher seliger denn Nehmen; aber wer nicht nehmen kann, bietet auch keinem anderen die Möglichkeit zu geben. Man kann nur dann geben, wenn es auch Menschen gibt, die nehmen. Geben Sie mit vollen Händen - nehmen Sie aber auch, wenn es Ihnen angeboten wird.

Die Bibel drückt dies in einfacher Form so aus: *„Alles nun, was Ihr wollt, dass Euch die Menschen tun, sollt ebenso auch ihr ihnen tun."*

Die Macht der Wiederholung

Die wirksamste Methode, eine bestimmte bildhafte Vorstellung fest in unserem Unterbewusstsein zu verankern, besteht in der Wiederholung dieser positiven Vorstellung.

Wie wir wissen, sollen wir unsere Ziele so formulieren, als entsprächen sie bereits der Wirklichkeit. Unser Bewusstsein wird dem zunächst widersprechen. Der Verstand, die Vernunft wird bemerken, dass diese Behauptung noch nicht zutrifft. Damit würde die Logik des Bewusstseins die Oberhand behalten und die bildhafte Vorstellung nicht bis ins Unterbewusstsein vordringen können.

Nun gibt es aber eine effiziente Möglichkeit, das Bewusstsein im Laufe der Zeit dennoch zu überzeugen: DIE WIEDERHOLUNG!

Wenn Sie eine positive Behauptung ständig wiederholen, öffnet sich Ihr Bewusstsein mehr und mehr und lässt die Vorstellung tatsächlich in Ihr Unterbewusstsein einsickern.

Zunächst wird Ihr Bewusstsein mit ‚vernünftigen Aussagen' antworten - aber im Laufe der Zeit werden auch die Reaktionen des Bewusstseins offener. Nachfolgend ein Beispiel, wie das Bewusstsein im Laufe der Zeit ‚überzeugt' wird:

Positive Bestärkung:	Vernunftmäßige Antworten:
Ich, Hans, besitze einen	"Keinesfalls!"
neuen weißen Porsche 911.	"Das ist ja lächerlich!"
Ich, Hans, besitze einen	"Wer will dich auf den
neuen weißen Porsche 911.	Arm nehmen?"
Ich, Hans, besitze einen	
neuen weißen Porsche 911.	"Unsinn!!!"
Ich, Hans, besitze einen	"Schau einmal die Auffahrt
neuen weißen Porsche 911.	hinaus."
Ich, Hans, besitze einen	"Schau dir die Blechkiste
neuen weißen Porsche 911.	draußen an – die gehört dir!"
Ich, Hans, besitze einen	
neuen weißen Porsche 911.	"Dieser Schund kann nichts
Ich, Hans, besitze einen	bewirken."
neuen weißen Porsche 911.	"Ich fühle mich absolut
Ich, Hans, besitze einen	lächerlich dabei."
neuen weißen Porsche 911.	"Es nützt nichts."
Ich, Hans, besitze einen	
neuen weißen Porsche 911.	"Das kann nichts bewirken."
Ich, Hans, besitze einen	"Was für ein Einfaltspinsel
neuen weißen Porsche 911.	muss ich sein, dass ich diesen
Ich, Hans, besitze einen	Blödsinn schlucke."
neuen weißen Porsche 911.	"Was für ein Krampf."
Ich, Hans, besitze einen	
neuen weißen Porsche 911.	"Es ist stupide, das zu tun!"
Ich, Hans, besitze einen	"Aber schaden kann's wahr-
neuen weißen Porsche 911.	scheinlich nicht."
Ich, Hans, besitze einen	"Ich denke doch keine Minute,
neuen weißen Porsche 911.	dass ich davon ein Auto
Ich, Hans, besitze einen	bekomme."
neuen weißen Porsche 911.	
Ich, Hans, besitze einen	"Das ist wirklich ein
neuen weißen Porsche 911.	Eselszeug."
Ich, Hans, besitze einen	"Freilich ist es nicht
neuen weißen Porsche 911.	schlimm, es zu tun."
Ich, Hans, besitze einen	"Es wäre schön, wenn..."

neuen weißen Porsche 911.
Ich, Hans, besitze einen
neuen weißen Porsche 911.
Ich, Hans, besitze einen
neuen weißen Porsche 911.
Ich, Hans, besitze einen
neuen weißen Porsche 911.
Ich, Hans, besitze einen
neuen weißen Porsche 911.
Ich, Hans, besitze einen
neuen weißen Porsche 911.
Ich, Hans, besitze einen
neuen weißen Porsche 911.
Ich, Hans, besitze einen
neuen weißen Porsche 911.
Ich, Hans, besitze einen
neuen weißen Porsche 911.
Ich, Hans, besitze einen
neuen weißen Porsche 911.
Ich, Hans, besitze einen
neuen weißen Porsche 911.

"Ein neuer, blitzblanker
Porsche!"
"Mit Extras...
weiß verkleidet..."
"Ach Mensch!
Welcher Blödsinn!"

"Ich habe ungefähr so viel
Chancen, einen neuen 911 zu
bekommen, wie..."
"Es wäre sicherlich schön."
"Ihn Helga zeigen..."
"Sie wäre beeindruckt."

"Ach Mann!"
"Doch jetzt nicht."
"Nicht gerade jetzt."

"Aber vielleicht irgendwann."
"Mag sein..."

Mit der Zeit werden die vernunftmäßigen Antworten gemäßigter werden. Dadurch verringert sich der Abstand zwischen Ihrer positiven Vorstellung und der Reaktion Ihres Bewusstseins.

Natürlich geht das nicht von heute auf morgen. Aber Sie werden bei ständiger Wiederholung feststellen, dass dieses „Mag sein..." oder „Vielleicht doch...?" immer stärker wird. Bis Sie eine Reaktion wie im folgenden Beispiel erreichen:

Positive Bestärkung:

Ich, Hans, besitze einen
neuen weißen Porsche 911.
Ich, Hans, besitze einen
neuen weißen Porsche 911.
Ich, Hans, besitze einen

Antworten:

"Ich kann nicht warten."
"Er wird sicher schön sein."

"Jetzt kann ich ihn sehen."
"Ich werde ihn bekommen. Ich

neuen weißen Porsche 911.
Ich, Hans, besitze einen
neuen weißen Porsche 911.
Ich, Hans, besitze einen
neuen weißen Porsche 911.
Ich, Hans, besitze einen
neuen weißen Porsche 911.
Ich, Hans, besitze einen
neuen weißen Porsche 911.

weiß, dass es so sein wird."
"Weiße Innenausstattung aus
Leder."

"Soooo dahinzugleiten..."
"Es wird nicht mehr lange
dauern."
"Phantastisch!!!"

In der Freiheit der Gedankenwahl liegt eine der größten Chancen des Menschen. Wenn wir uns der Macht und der Kraft unserer Gedanken bewusst sind und diese Energien zu nutzen wissen, eröffnen sich uns ungeahnte Möglichkeiten. Dann können wir unser Leben wirklich selbst in die Hand nehmen!

Denken Sie immer daran: Ihr Denken, Ihre Vorstellungen bestimmen Ihr Erleben:

Die Vorstellung der Armut wird Sie tatsächlich arm machen.

Die Vorstellung von Erfolg wird Sie tatsächlich erfolgreich machen.

Die Vorstellung, Freundschaften anzuregen, wird Ihnen Freunde bringen.

Die Vorstellung, Liebe auszustrahlen und weiterzugeben, wird Ihnen Liebe bringen.

TEIL II

PRAXIS

Übung 1

Meine persönliche Wunschliste (Ideensammlung)

Haben Sie Ziele?

Wenn Sie 100 Menschen auf der Straße fragen würden, was ihre größten und sehnlichsten Wünsche sind, würden Ihnen 98 auf Anhieb keine konkreten Ziele nennen können.

Die meisten würden nach einigem Nachdenken sagen: Sicherheit, Geld, Glück, Ruhm und Macht oder gesellschaftliche Anerkennung sei das, was sie sich im Leben wünschen.

Die meisten Menschen haben keine konkreten Ziele und auch keinen Plan, um ihre Ziele zu erreichen. Wie wir inzwischen aber wissen, ist eine klare und präzise Zielsetzung von ganz entscheidender Bedeutung.

Wenn man nicht genau weiß, wohin man will,
kann es passieren, dass man ganz woanders ankommt!

Um dies zu verdeutlichen, ein kleines Beispiel:

Ein Mann fährt zum nächstgelegenen Flughafen, begibt sich an den Schalter einer beliebigen Fluggesellschaft und möchte ein Flugticket lösen.

Der Verkäufer fragt ihn: *"Sehr gern. Aber, wohin bitte?"*

Der Mann antwortet: *"Oh, ich möchte an einen Ort fliegen, an dem ich glücklich sein kann. An einen Ort, an dem ich einen guten Arbeitsplatz in einer guten Firma finde. An einen Ort, an dem ich vielleicht ein Geschäft eröffnen kann. Sehen Sie, ich möchte, dass ich dort ordentlich verdienen kann. Und ich möchte, dass es meiner Familie dort gut gefällt.*

Wieso zögern Sie? Geben Sie mir endlich das Flugticket! Ich bezahle ja auch gut dafür."

Stellen Sie sich vor, Sie wären in diesem Fall der Verkäufer an dem Flughafenschalter.

Was würden Sie einem solchen Mann sagen?
Welches Flugticket würden Sie ihm verkaufen?

Die Wahrheit ist doch: Sie hätten keine Möglichkeit, ihn zu bedienen. Sie könnten dem Mann nicht weiterhelfen, weil er nicht erklären kann, wohin er tatsächlich fliegen will.

Verhält es sich im wirklichen Leben nicht ähnlich?
Sagen Sie nicht oft: *"Ich möchte irgendetwas. Ich möchte irgendwohin."*?

Machen Sie nicht gelegentlich auch selbst so unbestimmte Aussagen?

Bevor Sie kein klares Bild Ihres Zieles haben, dürfen Sie nicht erwarten, es auch zu erreichen. Ihr Unterbewusstsein kann Ihnen die Fahrkarte zum Erfolg nur dann ausstellen, wenn Sie wissen, wohin die Reise wirklich gehen soll.

Die genaue Bestimmung Ihrer Wünsche und Ziele ist ein wesentlicher Teil Ihres Weges zum Erfolg.

Nach allen Erfahrungen scheitern die meisten Menschen schon an diesem Punkt. Die wenigsten Menschen nehmen sich die Zeit, ihre Ziele präzise und konkret zu definieren. Lernen Sie aus diesem Fehler!

Widmen Sie sich sehr sorgfältig und ausführlich Ihren Wünschen, Ihren Hoffnungen und Träumen!

Sie können nur dann bestimmte Wirkungen erzielen, wenn Sie zuvor die notwendigen Ursachen schaffen!

Die Wichtigkeit von Zielsetzungen kann man auch auf sportlichem Gebiet anschaulich erläutern. Ob Fußball, Handball, Hockey usw. - was ist das entscheidende Ziel dieser Spiele? Was entscheidet über Erfolg oder Misserfolg?

Die Treffer! Die Tore sind die entscheidenden Orientierungspunkte für diese Spiele. Würde man die Tore vom Spielfeld nehmen, wäre der Sinn des Spiels verloren. Es käme zu einem sinnlosen Hin- und Hergerenne aller Beteiligten.

Um Tore zu erzielen, muss man überlegt und zielgerichtet handeln. Das Ziel lautet: Der Gewinn des Spiels! Dafür muss man hohen geistigen und körperlichen Einsatz bringen.

Spieler, die an einem Erfolg, an einem Treffer nicht interessiert sind, verlieren in den Augen des Publikums die Berechtigung, am Spiel mitzuwirken.

Dieses Beispiel kann man durchaus auf das Leben übertragen: Menschen, die herausragende Ziele haben, die wertvolle und geachtete Ziele verfolgen, stehen im Mittelpunkt und werden von ihrer Umwelt beachtet und respektiert.

Ihnen bleiben in Ihrem Leben nur zwei Möglichkeiten:

1. Sie erfüllen sich Ihre Wünsche.
2. Oder Sie verzichten auf sie.

Aber vergessen Sie bei Ihrer Entscheidung eines nicht: Wünsche sind ‚unsterbliche Lebewesen'. Wenn Sie daran nicht glauben, machen Sie folgendes kleine Experiment:

Denken Sie nicht an einen Elefanten. An keinen gelben Elefanten mit rosa Punkten. An keinen Elefanten, der eine kleine Schleife um den Schwanz trägt.

Konzentrieren Sie sich! Denken Sie nicht an einen Elefanten!

Das Ergebnis dieses kleinen Versuchs?

Je stärker Sie versuchen, eine bestimmte Vorstellung zu unterdrücken, je stärker Sie versuchen, einen bestimmten Wunsch zu verdrängen, um so stärker denken Sie daran. Und um so größer, um so erstrebenswerter wird dieser Wunsch in Ihnen.

Erinnern Sie sich noch der Fabel vom Fuchs und den angeblich zu hoch hängenden Trauben?

Bekennen Sie sich zu Ihren Träumen, zu Ihren Hoffnungen und Wünschen! Haben Sie den Mut, sich positiv zu entscheiden! Entschließen Sie sich jetzt dazu, Ihre Wünsche zu erfüllen!

Sie haben ein Recht auf Ihre Wünsche!

Das universelle Erfolgsgeheimnis gibt Ihnen auf der Basis eines funktionierenden Systems die Gelegenheit, Ihre Wünsche wahr werden zu lassen. Es bietet Ihnen ein System, das sich seit Tausenden von Jahren bestens bewährt hat!

Ihre persönliche Wunschliste

Die Voraussetzung zur Erfüllung Ihrer Wünsche liegt im Erstellen einer persönlichen Wunschliste. Dies ist der erste Schritt auf dem Weg zum Erfolg.

Für die Wunschliste benutzen Sie bitte die folgende Übung Nr. 1. Die Erstellung dieser Liste ist von enorm großer Wichtigkeit für Ihren weiteren Weg - noch viel wichtiger, als Sie im Moment vielleicht glauben oder ahnen!

Ohne klar und genau bestimmte Ziele wird Ihr Erfolg unmöglich zu erreichen sein.

Unterscheiden Sie zwei Kategorien von Zielen:

Die materiellen und die immateriellen Ziele.

Um auf Dauer erfolgreich zu sein, benötigen Sie neben materiellen Mitteln auch persönliche Qualitäten und Eigenschaften. Was würde Ihnen viel Geld nützen, wenn Sie nicht glücklich wären? Innere Ausgeglichenheit, gute Freunde sowie Respekt und Vertrauen, das Ihnen Menschen entgegenbringen, sind entscheidende Faktoren, die für ein erfolgreiches Leben wichtig sind.

Geben Sie deshalb auf der Wunschliste-Ideensammlung (Übung 1) alle Ihre persönlichen Wünsche und Träume an, Ihre materiellen Hoffnungen ebenso wie Ihre immateriellen Bestrebungen. Wenn Sie sich Ziele setzen, die auch für andere Menschen nützlich sind, werden Sie zusätzliche Energien erhalten. Umso mehr Sie Menschen oder der Welt Positives geben - um so mehr wird auch wieder zu Ihnen zurückkommen.

Setzen Sie sich keine Grenzen, schränken Sie sich nicht ein! Beschreiben Sie auf diesem ersten Blatt tatsächlich alles, was Ihr Herz begehrt.

Materielle Ziele können beispielsweise sein:
Ein eigenes Haus, eine Penthouse-Wohnung, eine selbständige Tätigkeit, ein Jahreseinkommen in einer bestimmten Größenordnung, ein neues Auto, eine Gehaltserhöhung etc.

Und immaterielle Ziele können sein:
Mehr Selbstsicherheit, größere Kreativität, besserer Gesundheitszustand, höhere Konzentrationsfähigkeit, größerer Elan, größere Begeisterungsfähigkeit, positive Lebenseinstellung etc.

Achten Sie beim Zusammenstellen Ihrer Wünsche darauf, dass es sich dabei wirklich um persönliche Ziele handelt. Versuchen Sie, nicht in vorgegebenen Bahnen zu denken! Sie können nur dann wirklich glücklich und zufrieden werden, wenn Sie Ihren persönlichen Lebenszweck gefunden haben. Es genügt nicht, nur alle von außen kommenden Ideen neu ‚nachzudenken'.

Das folgende Beispiel soll Ihnen verdeutlichen, was damit gemeint ist. Tragen Sie in die rechte Spalte jene Gedanken ein, die Ihnen zu den entsprechenden Begriffen einfallen.

Als Beispiel: Der Begriff lautet: Ein Monat. Die Antwort: Mai.

Schreiben Sie Ihre Gedanken spontan nieder!

Der Begriff	**Ihr Einfall**
Eine Farbe	____________________
Eine Blume	____________________
Ein Musikinstrument	____________________
Ein Werkzeug	____________________

Nachdem Sie die Zeilen ausgefüllt haben, vergleichen Sie Ihre Eintragungen bitte mit den Antworten, die Sie am Ende dieses Kapitels finden.

Hatten Sie bei einigen oder mehreren Einfällen die gleichen Begriffe niedergeschrieben? Handelte es sich also tatsächlich um Ihre eigenen Einfälle?

In unserem ‚Bio-Computer', dem Gehirn, gibt es so genannte Primär-Zuordnungen. Das sind Zuordnungen, die beim Auftauchen eines bekannten Begriffes zuerst abgerufen werden.

Hier sind die berühmten Wiederholungen gespeichert. Worte, Bezeichnungen, Ideen und Wertmaßstäbe, die wir wiederholen, ohne neu nachgedacht zu haben.

Planen Sie Ihre Ziele also ursprünglich und persönlich!
Wieder-holen Sie nicht!

Auf folgende Punkte sollten Sie beim Erarbeiten Ihrer Ziel-Liste achten:

1. **Schreiben Sie alles auf, was Ihnen in den Sinn kommt und Ihnen wichtig ist**

Schreiben Sie Ziele nieder, die für **Sie** wichtig sind. Sie müssen keinen Modeströmungen folgen. Sie müssen keinen Eindruck auf bestimmte Personen machen. Sie sind wichtig! Nur Ihre persönlichen Ziele zählen. Legen Sie keine falsche Bescheidenheit an den Tag - schreiben Sie ehrlich nieder, was Sie **wirklich** wollen. Geben Sie sich nicht mit zu wenig zufrieden. Im Allgemeinen wachsen Menschen mit ihren Aufgaben. Bescheiden Sie sich nicht frühzeitig!

2. Formulieren Sie konkrete Ziele - vermeiden Sie allgemeine Begriffe

Zwei Beispiele: Anstatt das ungenaue Ziel ‚Ich möchte reich sein' niederzuschreiben, sollten Sie festlegen, welches genaue monatliche Einkommen Sie möchten. Anstelle ‚Reisen' sollten sie konkrete Reiseziele definieren. Listen Sie präzise auf, was Sie anstreben.

3. Ihre Ziele dürfen keinem anderen Menschen schaden

Zwei Beispiele: Wenn Sie unbedingt jemanden heiraten möchten, der schon glücklich verheiratet ist, wird das zu Problemen führen. Wenn Sie Geld dadurch verdienen möchten, indem Sie andere ruinieren, wird das keine guten Folgen haben.

4. Schwache Wünsche - schwache Erfolge

Was überdurchschnittlich erfolgreiche Menschen auszeichnet, ist ihre enorme Begeisterungsfähigkeit und Identifikation mit ihren Zielen. Sie benötigen viel Energie und Ausdauer, um Ihre Ziele zu erreichen. Sie dürfen sich nicht einschüchtern lassen und müssen Durchhaltevermögen an den Tag legen. Wählen Sie deshalb Wünsche, die Sie wirklich motivieren. Nur mit Elan und Begeisterung werden Sie Ihre Ziele erreichen. Wohlgemerkt: Es reicht natürlich nicht aus, allein einen starken Wunsch zu haben. Aber: Ohne einen starken Wunsch, der Sie wirklich motiviert, brauchen Sie erst gar nicht anzufangen!

Füllen Sie nun die nachfolgende Seite ausführlich aus. Nehmen Sie sich die dafür notwendige Zeit - nur wer Ziele hat, kann auch Ziele erreichen!

(Auflösung der Übung ‚Nachdenken':
Farbe: rot - Blume: Rose - Musikinstrument: Geige - Werkzeug: Hammer)

Übung 1: Wunschliste - Ideensammlung

Dinge, die ich möchte
(materielle Dinge)

So möchte ich sein
(immaterielle Wünsche)

Übung 2

Meine sechs wichtigsten Wünsche

Ihre präzis erarbeitete Wunschliste

Nachdem Sie die Ideensammlung (Übung 1) abgeschlossen haben, entscheiden Sie sich für Ihre drei wichtigsten materiellen und immateriellen Wünsche und übertragen diese auf Übungsbogen Nr. 2 (Meine sechs wichtigsten Wünsche).

Formulieren Sie Ihre sechs wichtigsten Wünsche in Form von Leitsätzen. Diese Leitsätze sollen Ihnen in ‚Fleisch und Blut' übergehen. Wie das am besten funktioniert, werde ich Ihnen noch mit weiteren Übungen zeigen. Zunächst ist wichtig, dass Sie sich für die sechs wichtigsten Wünsche entscheiden, die Sie wirklich begeistern und die Ihnen am Herzen liegen.

Fügen Sie jedem Leitsatz die Formulierung

auf vollkommene Art und Weise

hinzu. Ein paar Beispiele:

Auf vollkommene Art und Weise verdiene ich jährlich über 100.000 Euro.
Auf vollkommene Art und Weise bin ich bei Menschen sehr beliebt.

Dies ist ein sehr gutes ‚Sicherheitsventil'. Unser Unterbewusstsein, in Zusammenarbeit mit dem unendlichen Bewusstsein, weiß besser als wir selbst, was für uns gut und optimal ist. Entwickeln Sie hier eine Art ‚Gottvertrauen'. Das hat mir in meinem Leben sehr geholfen.

Es ist gut möglich, dass einzelne Punkte, für die Sie sich jetzt entscheiden, in späteren Phasen an Bedeutung verlieren. Das ist in Ordnung. Sie verändern sich - und Ihre Wünsche und Träume mit Ihnen. Dennoch benötigen Sie - je nach eingesetzter Energie - eine gewisse Zeit für die Realisierung Ihrer Wünsche. Gerade deshalb ist es sehr wichtig, dass Sie sich jetzt für sechs Wünsche entscheiden, bei denen Sie auch so lange bleiben sollten, bis sich diese realisiert haben. Nur so können Sie sich von der Wirkungsweise des universellen Erfolgsgeheimnisses überzeugen. Wenn Sie während einer Taxifahrt innerhalb von fünf Minuten zehn Mal das Fahrtziel ändern, wird der arme Taxifahrer Sie gar nicht mehr befördern wollen!

Formulieren Sie Ihre Ziele als feststehende Tatsachen - nicht als Möglichkeiten. Sie formulieren so, als wenn Sie das Endergebnis bereits erreicht hätten:

Also nicht: *"Ich will ein selbstsicheres Auftreten erreichen."*

Sondern: *"Ich habe auf vollkommene Art und Weise ein selbstsicheres Auftreten."*

Sprechen Sie in dieser Phase nicht mit anderen Menschen über Ihre Ziele - auch nicht mit Freunden. Vermutlich würden Sie andere Menschen nur verunsichern. Dies würde Sie nur unnötig Energie kosten. Äußere negative Einflüsse können in Ihnen Zweifel und Unsicherheit wecken. Sicher haben Sie in Ihrem Bekanntenkreis auch solche ‚Energiefresser'. Ich persönlich habe mich immer an erfolgreichen Menschen orientiert. Was kann ich von jemandem lernen, der weniger oder nur genau soviel Erfolg hat wie ich? Wie es nicht geht? Jeder Dummkopf kann Ihnen sagen, wie es NICHT geht! Die meisten Rat-schläge in meinem Leben waren mehr Schläge als Rat... Lernen kann ich aber nur von Menschen, die das, was ich anstrebe, schon erreicht haben!

Sie selbst müssen von Ihren Zielen, Wünschen, Träumen und Hoffnungen überzeugt sein. Ein Mensch, der zu träumen aufgehört hat, ist eigentlich schon tot. Sie brauchen den Mut, das Richtige anzustreben. Nur dann können Sie mit dem nötigen Elan ans Werk gehen.

MUT = Meinem Urteil Treu!

Lassen Sie sich von der Meinung anderer Menschen nicht beeinflussen oder entmutigen. Jeder von uns hat Hoch- und Tiefphasen. Es ist keine Schande, hinzufallen, es ist nur eine Schande, nicht wieder aufzustehen.

Wenn also einmal etwas nicht sofort gelingt, versuchen Sie es nochmals - so lange, bis es funktioniert! Jeder Misserfolg trägt in sich bereits den Keim eines noch größeren Erfolges. Schwierigkeiten sind nur günstige Gelegenheiten in Arbeitskleidung!

Meine sechs wichtigsten Wünsche

Meine drei wichtigsten **materiellen** Wünsche:

1. ____

____

____

2. ____

____

____

3. ____

____

____

Meine drei wichtigsten **immateriellen** Wünsche:

1. ____

____

____

2. ____

____

____

3. ____

____

____

Übung 3

Wunsch-Poster

Um unser Unterbewusstsein mit klaren und eindeutigen Bildern zu versorgen, müssen wir lernen, sehr exakte Bilder zu übermitteln, die in allen Einzelheiten zeigen, was wir tatsächlich wollen.

Um unsere Vorstellungskraft zu schulen, können wir bereits vorhandene Bilder und Abbildungen benutzen. Wenn uns solche Bilder zur Verfügung stehen, fällt es uns leichter, solche bildhaften Vorstellungen vor unserem geistigen Auge erscheinen zu lassen.

Erstellen Sie zu diesem Zweck ein ‚Wunschposter'. Das Material für dieses persönliche Wunschposter finden Sie in Illustrierten, Modemagazinen, Reiseprospekten und anderen Katalogen. Nach einer gewissen Zeit sollten Sie dazu in der Lage sein, sich die Bilder Ihres Wunschposters auch dann vergegenwärtigen zu können, wenn Sie die Unterlagen nicht vor Augen haben.

Schneiden Sie die für Sie eindrucksvollsten und ansprechendsten Abbildungen aus und kleben Sie diese Bilder auf einen festen Karton in Postergröße. Hängen Sie Ihr Wunschposter an einer Stelle in Ihrer Wohnung auf, an der Sie es sehr häufig sehen.

Auf dem Poster sollen alle Abbildungen versammelt sein, die Sie mit der Verwirklichung Ihrer Wünsche verbinden.

Denken Sie sich in diese Bilder hinein, stellen Sie sich vor, Sie seien die abgebildete Person. Lassen Sie Ihrer Phantasie freien Lauf.

Identifizieren Sie sich mit den Abbildungen, die Ihrem persönlichen Ziel sehr nahe kommen.

Wenn Sie sich das Wunschposter oft genug ansehen, werden Sie sich im Laufe der Zeit auch mit geschlossenen Augen immer besser in die einzelnen Szenen hineindenken können. Um so besser Sie Ihre Ziele verinnerlichen und sich bildhaft vorstellen können, um so mehr emotionelle Energie Sie diesbezüglich Ihrem Unterbewusstsein zuführen, um so schneller werden sich Ihre Wünsche realisieren.

Übung 4

Tagebuch

Führen Sie ein Tagebuch

Notieren Sie in dem Tagebuch Ihre Ziele, Ihre täglichen Erlebnisse, Erkenntnisse und die daraus resultierenden Einsichten. Versuchen Sie festzuhalten, wozu der jeweilige Tag gut war. Dadurch sind Sie angehalten, intensiver zu leben. Betrachten Sie jeden Tag als ein ganzes Leben. Denn der Tag ähnelt dem Leben sehr: Aufstehen = Geburt. Tagesablauf = Leben. Einschlafen = Tod.

Nicht umsonst wird der Schlaf als der ‚kleine Bruder' des Todes bezeichnet. Jeder Tag ist ein ganzes Leben.

Versuchen Sie, jedes ‚Leben', also jeden Tag, so gut wie möglich zu leben. Von dem Augenblick an, da Sie sich über jeden einzelnen Tag selbst Rechenschaft ablegen, wird es keine ‚leeren', keine nutzlosen Tage mehr für Sie geben.

Spezial-Tipp: Verwenden Sie einen Kalender in ca. A5-Format, in welchem jeder Tag eine eigene Seite hat. Diese Kalenderbücher kosten nur wenige Euro. Schreiben Sie vor dem Zu-Bett-Gehen gehen jeden Tag nochmals Ihre sechs wichtigsten Wünsche aus Übung 2 hinein. Dadurch verinnerlichen Sie Ihre Wünsche noch stärker - und auch Ihr Unterbewusstsein wird immer stärker davon überzeugt, dass Sie es mit der Erreichung Ihrer Ziele wirklich ernst meinen.

Sie können auch die Vorlage am Ende dieser Übungsanleitung kopieren.

Nummerieren Sie dabei die Übungstage (1. Übungstag, 2. Übungstag etc.).

Eine zusätzliche Verstärkung ist es, wenn Sie sich Ihre Wünsche laut vorlesen. Schon beim Schreiben haben Sie den Tastsinn als Verstärker genutzt - beim Sprechen kommt noch der Hörsinn hinzu. Sie wissen ja: *Am Anfang war das Wort...*

Erstellen Sie für sich zusätzlich einen persönlichen Leitsatz. Dieser Leitsatz sollte Ihnen in Fleisch und Blut übergehen.

Einige Beispiele von Leitsätzen:

Auf vollkommene Art und Weise gelingen mir mindestens 51 Prozent aller Dinge im Leben.

Ich werde von Tag zu Tag auf vollkommene Art und Weise erfolgreicher.

In allem, was ich sage, denke und tue, bin ich auf vollkommene Art und Weise erfolgreich.

Auf vollkommene Art und Weise geht es mir von Tag zu Tag in jeder Hinsicht immer besser und besser.

Verwahren Sie Ihre Erfolgs-Tagebücher sorgfältig. Anhand dieser Aufzeichnungen können Sie später Ihre persönliche Entwicklung nachvollziehen und damit unter Umständen auch anderen Menschen helfen, gleichartige Fortschritte zu erzielen.

_____ . Übungstag Datum_________________

Persönliche Leitsatz: ____

____

____

____

Meine Ziele: ____

____

____

____

____

____

____

____

____

____

____

Erlebnisse / Erkenntnisse / Einsichten: ____________________________

____

____

____

____

____

____

Übung 5

Erstellen Sie ein Motivations-Hörbuch

Lassen Sie Ihre Wünsche in Fleisch und Blut übergehen

Eine der besten Möglichkeiten unserem Unterbewusstsein unsere drei bedeutendsten materiellen und die drei bedeutendsten immateriellen Ziele so tief wie möglich einzuprägen, ist ein ‚Motivations-Hörbuch'.

Sie können dafür eine Kassette verwenden, eine CD, eine mp3-Datei - oder was Ihnen sonst noch an technischen Möglichkeiten einfällt.

Wenn Sie z. B. eine Audio-Datei auf einem mp3-Player erstellen, haben Sie die Möglichkeit, einen ‚Loop' zu definieren, d. h. der Text wiederholt sich ständig automatisch.

Hören Sie Ihr persönliches Motivations-Hörbuch so oft wie möglich ab!

Wenn Sie einmal darüber nachdenken, werden Ihnen schnell einige passende Gelegenheiten zum Abhören in den Sinn kommen.

Wie oft hören Sie bei bestimmten Hausarbeiten oder in Ihrer Freizeit im Hintergrund Musik?

Wie lange fahren Sie morgens und abends im Auto zur Arbeit oder nach Hause? Nutzen Sie diese Zeiten! Nutzen Sie diese Gelegenheiten, um Ihr Motivations-Hörbuch im Hintergrund zu hören!

Gerade nachts ist Ihr unterbewusstes Selbst besonders aufnahmebereit! Nutzen Sie diese Phasen vor dem Einschlafen! Sie wissen ja: *„Den Seinen gibt's der Herr im Schlaf."*

Dies sind nur einige Beispiele für die Möglichkeit einer wirkungsvollen Hintergrund-Suggestion. Bei genauerem Nachdenken werden Ihnen bestimmt noch andere sinnvolle Gelegenheiten einfallen.

Um ungewöhnliche Resultate zu erzielen, muss man ungewöhnliche Methoden anwenden! Sollten Sie im Moment evtl. noch Zweifel an der enormen Wirksamkeit dieser Suggestionsmethode haben, werden Sie bei der Anwendung **extrem** positiv überrascht sein!

Übung 6

1-Minuten-Meditation

Dies ist eine wirkungsvolle Übung, die Sie täglich an vielen Stellen und zu vielen Gelegenheiten durchführen können - die Übung dauert jeweils nur eine Minute!

Diese Übung ist besonders gut geeignet, um Müdigkeitsphasen zu überbrücken. Zusätzlich reichern wir die Atmung mit positiven Suggestionen an.

Machen Sie es sich in einem Stuhl bequem, oder legen Sie sich auf ein Sofa oder ein Bett. Öffnen Sie alles, was Sie beengt: Schuhe, Gürtel, Kragen etc. Entspannen Sie sich. Gedanken kommen und gehen. Sie atmen ruhig und gleichmäßig. Lassen Sie es in sich atmen. Vertrauen Sie sich voll und ganz diesem Automatismus an. Ihr Mund ist geschlossen, Sie atmen durch die Nase.

Auf der nächsten Seite finden Sie die Übung:

1-Minuten-Meditation

In das Einatmen legen Sie die Vorstellung:

Ruhe atme ich ein

Ausatmen:	Alle Hektik, aller Stress zieht aus.
Einatmen:	Gesundheit atme ich ein.
Ausatmen:	Alles Krankhafte.
Einatmen:	Erfolg.
Ausatmen:	Jeden Misserfolg.
Einatmen:	Selbstvertrauen.
Ausatmen:	Jede Lebensangst.
Einatmen:	Liebe zum Nächsten.
Ausatmen:	Neid und Hass.
Einatmen:	Ruhe und Frieden.
Ausatmen:	Alle Spannungen.

Einatmen:	1. immaterieller Wunsch
Ausatmen:	Alle Ängste und Zweifel
Einatmen:	2. immaterieller Wunsch
Ausatmen:	Alle Ängste und Zweifel
Einatmen:	3. immaterieller Wunsch
Ausatmen:	Alle Ängste und Zweifel
Einatmen:	1. materieller Wunsch
Ausatmen:	Alle Ängste und Zweifel
Einatmen:	2. materieller Wunsch
Ausatmen:	Alle Ängste und Zweifel
Einatmen:	3. materieller Wunsch
Ausatmen:	Alle Ängste und Zweifel

Zum Abschluss der Übung atmen Sie die Vorstellung ein: Stärke und Frische.

Nach der Durchführung der Übung sind Sie wieder erfrischt und erholt und können sich wieder Ihrer normalen Tätigkeit zuwenden.

Übung 7

Wunschrealisierungs-Training

Bei dieser Übung werden Sie Ihre Wunschvorstellungen so präzise wie möglich kennen lernen. Verschaffen Sie sich Klarheit über die Art und das Aussehen Ihrer Ziele.

Zwei Beispiele dazu:

a) Informieren Sie sich beim größten Autohändler Ihrer Stadt über die interessantesten und teuersten Modelle. Sehen Sie sich genau um, lassen Sie sich die verschiedenen Autos zeigen, bis Sie wirklich wissen, welchen Wagentyp Sie besitzen möchten, welcher Wagen Ihr persönliches Traumauto ist. Wenn Sie die Möglichkeit dazu haben, dann machen Sie ruhig auch eine Probefahrt.

b) Informieren Sie sich bei einer Immobilienfirma über das Angebot an Häusern, Wohnungen und Villen. Besichtigen Sie mehrere dieser Objekte, damit Sie sich eine genaue Vorstellung von Ihrem Traumhaus machen können.

Dies sind nur zwei Beispiele, die Ihnen das Verfahren des Realisierungs-Trainings erläutern sollten. Es dürfte Ihnen sicher nicht schwer fallen, noch weitere Bereiche zu finden, bei denen Sie in ähnlicher Weise verfahren können. Unterwerfen Sie sich dabei keinerlei Einschränkungen, seien Sie sich der Macht und der Kraft Ihres Unterbewusstseins immer bewusst. Machen Sie sich mit Ihren Wünschen und Träumen im Detail vertraut. Auch dies wird Ihre Motivation verstärken.

Übung 8

Bleiben Sie geistig und körperlich gesund

Psychische Ursache - physische Auswirkung

Es gibt nicht wenige Experten, die mittlerweile rund 90 Prozent aller Erkrankungen auf Störungen im seelischen Bereich zurückführen.

Aber auch physische Vorgänge, wie z. B. ein gebrochener Arm, bei denen man zunächst nicht an eine psychische Ursache denkt, können durchaus eine seelische Ursache haben.

Vielleicht hatte dieser Mensch den unterbewussten Wunsch, sich einer bestimmten Aufgabe oder einer bestimmten Verantwortung zu entziehen. Der gebrochene Arm stellt dabei einen hochwillkommenen Ausweg dar. Durch den Unfall hat der Betreffende eine stichhaltige Entschuldigung für seine Untätigkeit.

Dies ist ein eher harmloses Beispiel für ein körperliches Leiden, das im Grunde psychosomatischer Natur ist. Ich selbst habe mir mit 7, 14 und 21 Jahren jeweils einen Fuß gebrochen. Und ich kann mich noch gut an die vorhergehenden Probleme erinnern. Es war, als wenn ich durch die Krankheiten eine ‚Auszeit' nehmen wollte. Die Zusammenhänge begriff ich aber erst nach meinem dritten Unfall - und beschloss danach endgültig für mich, dass der Preis für diese Auszeit einfach zu hoch war.

Untersuchungen haben gezeigt, dass Menschen sogar erblinden oder gelähmt sein können, nur weil sie sich einer Aufgabe entziehen wollen. Aber auch Eigensuggestionen sollte man nicht unterschätzen. Ein schnell dahergesagtes *„Ich kann dich nicht mehr sehen...“* ist eine gefährliche Programmierung für das Unterbewusstsein.

Oftmals stellen solche körperlichen Leiden auch eine unterbewusste Selbstbestrafung dar, ihre eigentliche Ursache liegt in einem verdrängten oder unterdrückten Schuldgefühl.

Der Zellenstaat

Wir wissen aus einem früheren Kapitel, dass Materie letzten Endes nur Energie ist. Wenden wir uns nun, vor diesem Hintergrund, dem Zellenstaat zu, und betrachten wir eine Nervenzelle näher.

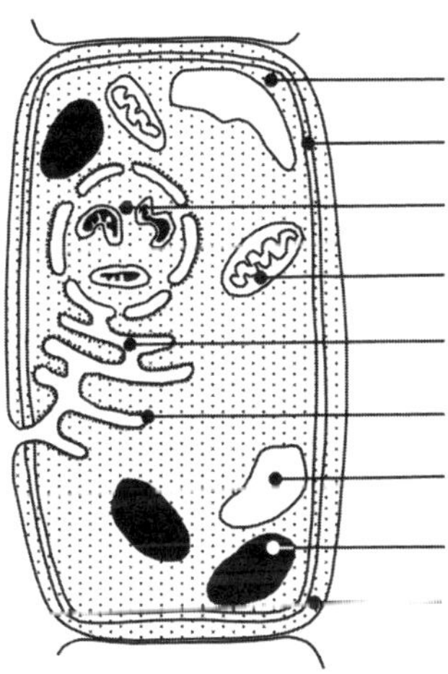

Sie besteht aus fast 100 Millionen ‚Mitochondrien‘, aus kleinsten Kraftwerken von kettenförmig im Protoplasma der Zelle aneinander gereihten Körnchen, die Energie erzeugen und sie auch speichern können. Sie bedienen sich dabei durchschnittlich einer Zahl von etwa 2000 Elektronen-Transportpartikeln pro Werk, wobei wieder jedes Partikel einige tausend Moleküle enthält. Das Molekül seinerseits besteht wieder aus Atomen, von denen ständig ein Teil ausgeschieden und fortlaufend durch neue ersetzt wird.

Eine Zelle stellt somit ebenfalls etwas sich ständig Wandelndes dar, ein höchst kompliziertes Lebewesen, mit einem Körper, einem Gehirn und einem Nervensystem. Alle Zellen sind miteinander durch eine Art von elektrischem Leitungssystem verbunden.

Die Zelle antwortet auf geistige und emotionale Impulse.

Dr. Magnus Pyke und John K. Williams kommen zu dem Schluss, dass nur der unterbewusste Teil unseres Geistes die Quelle aller schöpferischen Gedanken und der Steuermann aller Zellenvorgänge sein kann. Dieses Unterbewusstsein steht wiederum in direktem Kontakt mit dem ‚kosmischen Weltgeist', der ständig in uns wirkt.

Wenn wir uns daher mit diesem ‚kosmischen Geist' in uns in Verbindung setzen, sollte es möglich sein, die Zellen unseres Körpers über das Unterbewusstsein und das Drüsensystem günstig zu beeinflussen. Das wird uns bewusst, wenn wir etwa in der meditativen Selbstbesinnung die Kraft gefühlsbetonter, dynamischer, positiver Gedanken in unserem Körper strömen lassen, womit wir in der Lage sind, auf die geistig-energetischen Kraftfelder in Atomen einzuwirken. Man spricht daher mit Recht von der ‚Intelligenz und Ansprechbarkeit' der Organe.

Erweisen wir uns daher durch stete Bejahung unseres ‚Gesund-, Froh– und Glücklichseins' als weise Lenker unseres Zellenstaates und als Erhalter unserer Gesundheit!

Insofern ist das Wunder einer geistigen Heilung gar kein Wunder, sondern besteht lediglich darin, dass man den Zellaufbau durch positives Denken zeitlich rafft. Monate werden zu Tagen, Tage zu Minuten. Wir können unser eigener geistiger Heiler sein, wenn wir uns der in uns schlummernden Kräfte bewusst werden.

Die "Organsprache" des Unterbewusstseins

Die Sprache des Unterbewusstseins, das haben wir in einem früheren Abschnitt dieses Buches erfahren, drückt sich nicht in Worten, sondern in Bildern aus.

Neben der Sprache der Bilder ist dem Unterbewusstsein auch eine so genannte Organsprache gegeben.

Machen wir uns dies an einem einfachen Beispiel klar:

Ein kleines Kind ist oft allein in der Wohnung, da beide Eltern berufstätig sind. Das Kind erhält nicht die nötige Aufmerksamkeit und Zuwendung.

Das Kind erkrankt eines Tages und muss das Bett hüten.

Plötzlich erhält das Kind wesentlich mehr Zuwendung als zuvor: Die Mutter bleibt zu Hause beim Kind, auch der Vater kümmert sich am Abend mehr um das Kind, sogar die Großeltern kommen jetzt öfter zu Besuch. Das Kind erhält nun mehr Liebe und Zuwendung, man macht ihm sogar Geschenke.

Das Unterbewusstsein registriert und speichert folgende, auf den ersten Blick paradox anmutende Feststellung: *"Wenn ich krank bin, dann geht es mir gut."*

20 oder 30 Jahre sind vergangen. Derselbe Mensch ist oft einsam, bekommt zu wenig Anerkennung im Beruf und Privatleben, vermisst Lob und Zuwendung.

Plötzlich erkrankt dieser Mensch ohne erkennbaren Grund. Sein Unterbewusstsein versucht das Bedürfnis des Menschen nach Aufmerksamkeit, Zuwendung und Anerkennung zu befriedigen. Es hat, nach den Erfahrungen der Kindheit, folgende Aussage gespeichert: *"Wenn ich krank bin, dann geht es mir gut."*

Also versucht es, durch die Beeinflussung eines bestimmten Organs, diesen Zustand der Zufriedenheit und des Glücks herbeizuführen.

Erinnern wir uns: Dem Unterbewusstsein fehlt, im Gegensatz zum Bewusstsein, das kritische Urteilsvermögen. Es kann nicht zwischen gut oder schlecht unterscheiden, es hat einzig das Bestreben, den Wunsch des Menschen zu erfüllen. Auf welchem Wege auch immer.

Dieser Fall beschreibt anschaulich die Auswirkungen einer seelischen Störung auf das körperliche Befinden eines Menschen. Würde man jetzt Medikamente verabreichen, hätte das überhaupt keinen Sinn.

Wir müssen uns also immer überlegen, welche Ursache eine Krankheit bei uns wirklich hat. Wenn in Ihrem Auto die Kontrolllampe für den Öldruck aufleuchtet, dann werden Sie auf dieses Warnsignal nicht damit reagieren, dass Sie die Leuchte überkleben (und damit allein die **Wirkung** bekämpfen). Sie werden stattdessen darangehen, Öl nachzufüllen (also die tatsächliche **Ursache** zu beseitigen).

So wie das Unterbewusstsein mit Hilfe der Organsprache dafür sorgen kann, dass ein Mensch krank wird, so kann es andererseits (durch das gleiche Medium) die Gesundheit und das Wohlbefinden des Betreffenden gewährleisten.

Untersuchungen haben in diesem Zusammenhang ergeben, dass Frauen mit kleinen Kindern, Selbständige und Menschen, die im Beruf oder im Privatleben Erfolg haben, bedeutend seltener krank werden als die Durchschnittsbevölkerung. Diese Personengruppen sind weniger anfällig für Krankheiten aller Art.

Umgekehrt gelingt es aber nicht wenigen Menschen, durch bloße Einbildung eine Krankheit in sich hervorrufen zu können. Medizinstudenten bekommen beispielsweise oft die Symptome der Krankheiten, die gerade durchgesprochen werden. Durch die intensive Beschäftigung mit der Krankheit wurde ein regelrechtes Suggestionsklima erzeugt, welches sich auf das Unterbewusstsein auswirkte.

Eine Erkenntnis zieht sich wie ein roter Faden durch alle medizinischen und psychologischen Untersuchungen: Menschen, die von einer positiven Grundeinstellung geprägt sind, werden sehr selten krank. Und: Ist dies doch einmal der Fall, dann verläuft der Heilungsprozess bei ihnen bedeutend schneller als bei Personen, die von negativen Vorstellungen wie Angst, Zweifel und Unsicherheit dominiert werden.

Der Arzt Ingrasci wies darauf hin, wie entscheidend die positive Geisteshaltung eines Menschen bei einer Heilung ist:

"Es ist so, als ob es eine Lebenskraft oder ein Ordnungsprinzip gäbe, das bereitsteht, unseren natürlichen Zustand der Ganzheit und Gesundheit wiederherzustellen, sobald es uns gelingt, die Barrieren der negativen Erwartung niederzureißen."

Das heißt:

**Jeder Mensch ist in der Lage,
sich gesund zu ‚denken'.**

Wir haben in einem früheren Kapitel bereits besprochen, dass in Ihrem Körper täglich rund zwei Milliarden Zellen absterben. Vor ihrem Absterben sorgen diese Zellen aber durch Teilung für gleichwertigen Ersatz. Jede neu gebildete Zelle wird automatisch mit dem Inhalt und der Qualität Ihres Denkens programmiert, gleichgültig, ob es sich um positive oder negative Gedanken handelt.

Mit der Ausrichtung Ihres Denkens können Sie folglich über die Qualität und den Charakter Ihrer Zellen entscheiden.

Eine besondere Bedeutung kommt weiterhin der Grundstimmung zu, mit der Sie einschlafen. Denn: Der Prozess des Gewebeaufbaus, der Narbenbildung, geht hauptsächlich während des Schlafens vonstatten. Es ist also sehr wichtig, dass Sie sich vor dem Einschlafen mit positiven Gedanken und Überlegungen beschäftigen.

Nutzen Sie dieses Wissen um die Beeinflussbarkeit der Zellen für ein geistig und körperlich gesundes Leben!

Führen Sie immer wieder die folgende Übung der ‚geistigen Selbst-Heilung' durch. Das wird Sie geistig und körperlich fit halten. Auch wenn Sie bereits z. B. einen ‚Schnupfen' haben, wird der Heilungsprozess wesentlich schneller verlaufen. Fragen Sie sich einfach, ob es angemessen ist, dass Sie eine körperliche Krankheit manifestieren, nur weil Sie ‚*...die Nase voll haben...*‘ von etwas oder von jemandem...

Übung 8

Geistige Selbst-Heilung

Legen Sie sich hin und versetzen Sie sich in eine ruhige Situation. Beruhigen Sie Ihre Gedanken.

Stellen Sie sich vor, wie sich zwischen Ihrem Körper und der umfassenden schöpferischen Kraft im Kosmos (oder wenn Sie wollen: Gott) eine Verbindung in Form einer Lichtbrücke herstellt.

Sie sind energetisch über die Lichtbrücke mit der schöpferischen Kraft im Kosmos verbunden. Hochfrequente, unerschöpfliche Energie fließt in Ihren Körper.

Stellen Sie sich vor, wie Ihr gesamter Körper von Licht durchflutet ist. Jede Zelle ist von dieser universellen schöpferischen Energie durchflutet.

Stellen Sie sich vor, wie sich durch das Licht alle Zellen neu ordnen - ihrer ursprünglichen Bestimmung nachgehen. Sie können geradezu körperlich fühlen, wie diese universelle Energie Ihren Körper durchfließt und alles perfekt heilt.

Schwächere oder kranke Zellen regenerieren sich – auf vollkommene Art und Weise werden diese wieder zu 100 Prozent gesund. Geben Sie sich den Gedanken und Vorstellungen der Harmonie, der Gesundheit, des Friedens und des guten Willens hin - und das Wunder tritt in Ihr Leben.

Wenn Sie diese Einheit, die Ruhe und das Glücksgefühl einer vollkommenen Gesundheit fühlen, bedanken Sie sich bei der umfassenden schöpferischen Kraft im Kosmos (oder Gott); beenden Sie die Übung und öffnen Sie wieder Ihre Augen.

Zusätzliche Tipps

Wenn Sie derzeit krank sein sollten, denken Sie während der Übung nicht an die Krankheit, sondern stellen Sie sich vor, wie schön das Gefühl ist, vollkommen gesund zu sein.

Sie können sich auch vorstellen, dass die Lichtverbindung auch noch nach der Übung bestehen bleibt - bis jede Zelle geheilt ist und Sie zu 100 Prozent gesund sind.

Schutzschild-Meditation

Um von Krankheiten oder Angriffen verschont zu bleiben, können Sie auch eine Schutzschild-Meditation durchführen:

Stellen Sie sich vor, dass um Sie herum eine Energiekugel vorhanden ist. Nur positive Energien durchdringen diese Energiekugel und kommen zu Ihnen durch.

Die negativen Energien leitet der Schutzschild automatisch ins unendliche Weltall ab, in dessen Weite sich diese verlieren (wir leiten diese negativen Energien also absichtlich in All - normalerweise würden diese abprallen und wieder zum Empfänger zurückkehren - das müssen wir dem Absender nicht antun - er/sie hat schon genug Probleme... „Denn sie wissen nicht, was sie tun...“).

Das Gleiche gilt auch für unsere eigenen Gedanken und Energien: Nur positive Gedanken und Energien gehen in die Umgebung - die negativen Energien leitet der Schutzschild wieder direkt ins unendliche All, wo sich diese verlieren.

Ihrer Imaginations-Kraft sind keine Grenzen gesetzt. Überlegen Sie sich selbst, mit welchen Vorstellungen Sie sich geistig und körperlich gesund halten.

EPILOG

Sie wurden bereits als Gewinner geboren

Haben Sie sich jemals Gedanken darüber gemacht, was geschah, bevor Sie geboren wurden? Ist Ihnen klar, welche Kämpfe Sie schon vor Ihrer Geburt geführt haben?

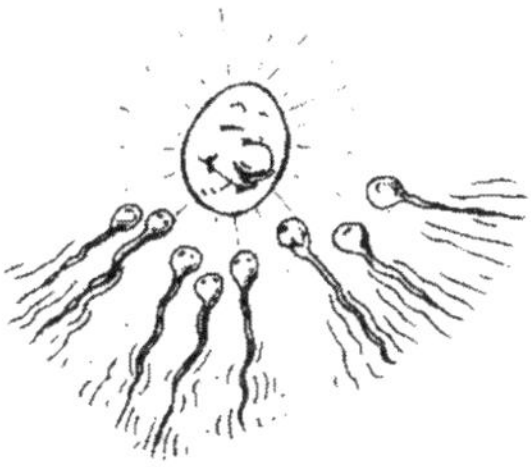

Viele Millionen Samenzellen waren an dem großen Wettkampf beteiligt – und Sie wurden der Gewinner!

Sie müssen sich das vor Augen halten: Nur eine der Abermillionen Zellen siegte. Und zwar jene, aus der Sie entstanden sind! Es war ein einziger Wettlauf mit der Zeit. **Und Sie waren der Schnellste, der Stärkste, der Beste. Sie waren der Gewinner!** Damit begann das Leben des für Sie wichtigsten Menschen: Sie selbst lebten!

Werden Sie sich der Grundlagen Ihres Lebens bewusst:

Die Chromosomen Ihrer Samenzelle beherbergten alle körperlichen und geistigen Vererbungsmerkmale Ihres Vaters und aller seiner Vorfahren. Die Chromosomen im Eikern enthielten die vererbbaren Eigenschaften Ihrer Mutter und ihrer Vorfahren.

Schon das Leben Ihrer Eltern stellte das Resultat eines sehr langen Lebenskampfes dar. Im Laufe von mehr als zwei Milliarden Jahren mussten immer neue Siege errungen werden, ehe diese Voraussetzung geschaffen war.

Und dann, am Ende dieses langen Prozesses, geschah etwas Besonderes: Die schnellste und gesündeste Samenzelle vereinigte sich mit der wartenden Eizelle. Ihre Samenzelle ging diese Verbindung ein, um eine neue, lebendige Zelle zu bilden. **Sie wurden als Gewinner geboren!**

Welche Schwierigkeiten Ihnen auch immer begegnen mögen: Diese vermeintlichen Schwierigkeiten sind winzig klein im Vergleich zu den Hürden und Hindernissen, die Sie im Augenblick Ihrer Zeugung bereits überwunden hatten!

Das Gewinnen ist jedem Menschen angeboren.

Abschließende

Weisheiten, Sprichwörter, Überlieferungen, Anregungen, Gedanken

Erfolg im Leben zu haben bedeutet:

Viel zu lachen,

die Liebe von Kindern zu gewinnen,

den Verrat falscher Freunde zu ertragen,

die Welt zu einem ein klein wenig besseren Ort zu machen,

als sie es war, bevor wir in sie hineingeboren wurden,

die gesellschaftlichen Verhältnisse

in irgendeiner Beziehung verbessern,

oder einem Menschen helfen, gesünder zu werden,

zu wissen, dass e i n Leben leichter atmet, seit du lebst,

das ist Erfolg!

Ralph Waldo Emerson

Die Antwort auf einen Misserfolg
kann immer nur in einem Erfolg bestehen!

Es ist keine Schande, hinzufallen,
es ist nur eine Schande, nicht wieder aufzustehen.

Erfolg kommt von erfolgen.
Schwierigkeiten sind günstige Gelegenheiten
in Arbeitskleidung!

Erfolg oder Versagen ist viel eher die Folge unserer geistigen
Einstellung als das Ergebnis unserer geistigen Fähigkeiten.

Was muss man tun, um erfolgreich zu werden?
Man muss etwas TUN, um erfolgreich zu werden!

Erfolg hat drei Buchstaben: TUN

TUN ist die Abkürzung von **T**ag **U**nd **N**acht
(oder andersherum gelesen: **N**icht **U**nnötig **T**rödeln)

Zusammenkunft ist ein Anfang. Zusammenhalt ist ein Fortschritt.
Zusammenarbeit ist der Erfolg. (Henry Ford)

Erfolg wird zur Verpflichtung -
Macht zur Verantwortung.
Nur wer seine Arbeit liebt, hat darin auch Erfolg.

Verdienen beinhaltet das Wort Dienen.

Wenn man im Leben keinen Erfolg hat, braucht man sich deshalb nicht ohne weiteres für einen Idealisten zu halten. (Henry Miller)

Wer erfolglos ist, wird bemitleidet.
Wer erfolgreich ist, wird beneidet.

99 % aller Kritik entspringt Neid.

Jeder Erfolg, den man erzielt, schafft uns einen Feind.
Man muss mittelmäßig sein, wenn man beliebt sein will. (Oskar Wilde)

Armut kommt von „arm an Mut". (Jürgen Höller)

Der Erfolg bietet sich meist denen, die kühn handeln;
nicht denen, die alles wägen und nichts wagen wollen.
(Herodot, griech. Geschichtsschreiber, 484-425 v. Chr.)

Der Erfolgreiche fängt gerade da an, wo der Erfolglose aufhört!
Misserfolge sind immer nur Zwischenergebnisse.
(Prof. Kurt Tepperwein, dt. Heilpraktiker)

Jede große Niederlage birgt den Keim
eines noch größeren Erfolges in sich!" (Volksmund)

Reich wird man nicht durch das Geld, das man verdient,
sondern durch das Geld, das man SPART!

Für das Können gibt es nur einen Beweis: das Tun. (Ebner-Eschenbach)

Zeige mir deine Freunde - und ich sage dir, wer du bist!
Ein Mensch ist genauso glücklich, wie er es zu sein sich vornimmt.

Die Menschen haben ein bestimmtes Selbstbild von sich. Und sie werden so, wie sie sich selbst sehen. So, wie sie es sich vorgestellt haben.

Fortan werde ich mich ausschließlich mit positiven und erfolgversprechenden Dingen beschäftigen! Ich weiß um das Negative in der Welt, aber es wird keine Macht mehr über meine Gedanken und Vorstellungen haben!

Es ist besser, über schlechte Menschen etwas Gutes zu sagen, als über gute Menschen etwas Schlechtes.

Gott sortiert Gebete nicht nach Konfessionen.

Es gehört mehr Mut dazu, seine Meinung zu ändern, als ihr treu zu bleiben. (Hebbel)

Wer die Menschen für gut hält, macht Sie besser. (Keller)

Die Freiheit des Menschen liegt in der Freiheit seiner Gedankenwahl!
Dies ist seine wirkliche Freiheit!

Ihr heutiges Denken und Handeln bestimmt Ihre Zukunft.

Schicksal fällt Ihnen nicht zu, sondern Sie gestalten es durch Ihr heutiges Denken und Tun selbst. Von Ihrer eigenen Entscheidung hängt es ab, ob Ihre Zukunft negativ oder positiv sein wird.

MUT ist die Abkürzung von **M**einem **U**rteil **T**reu.

Hüten Sie sich davor, zu jammern und zu klagen!
Für all Ihr Tun, für all Ihr Handeln brauchen Sie Kraft und Energie.
Die Frage ist nur: Wie setzen Sie diese Energie ein?
Für oder gegen etwas? Beschweren Sie sich, klagen Sie - oder tun Sie etwas Vernünftiges, etwas Erfolgversprechendes?

Beginnen Sie nicht im nächsten Jahr. Beginnen Sie nicht im nächsten Monat. Nicht in der nächsten Woche. Nicht morgen. Beginnen Sie JETZT!

Licht ist immer stärker als die Finsternis.

Nur wer gegen den Strom schwimmt,
kommt zur Quelle und zu klarem Wasser.

Das Hauptmotiv des Lebens ist die Vervollkommnung des Geistes. Da der Geist nur durch das Bewusstsein erfahrbar ist, führt der Weg zum Ziel über die Vervollständigung der Bewusstheit.

Kritisieren kann jeder -
besser machen nur wenige.

99 % aller Kritik resultieren aus Neid.

Schwächliche Wünsche bringen schwache Erfolge.

Dem Geist sind keine Grenzen gesetzt - außer jenen,
die wir selbst anerkennen.

Tun Sie das, wovor Sie sich fürchten,
und das Ende Ihrer Furcht ist gekommen.
(Emerson)

Wenn Sie aus tiefstem Herzen Dinge bereuen, die Sie anderen Menschen zu Unrecht angetan haben, und aus tiefstem Herzen allen Menschen verzeihen, was diese Ihnen zu Unrecht angetan haben, dann sind Sie wirklich frei. Sie können sich selbst aus dem Rad des Karmas befreien. Das ist die wirkliche Botschaft der Erlösungslehre von Jesus.

Richtet nicht, damit Ihr nicht gerichtet werdet.
Denn mit dem Urteil, mit dem Ihr richtet, werdet Ihr gerichtet werden,
und mit dem Maß, mit dem Ihr messt, wird Euch gemessen werden.
(Bibel, Matthäus)

Achte stets auf deine Gedanken, sie werden zu Worten.
Achte auf deine Worte, sie werden zu Handlungen.
Achte auf deine Handlungen, sie werden zu Gewohnheiten.
Achte auf deine Gewohnheiten, sie werden zu Charaktereigenschaften.
Achte auf deinen Charakter, er wird dein Schicksal,

Auch eine Reise von tausend Meilen fängt mit dem ersten Schritt an.
achte auf deine Gedanken, - sie sind der Anfang deiner Taten.
(Chinesisches Sprichwort)

Kennen Sie weitere gute Aphorismen, Zitate, Weisheiten, Sprichwörter, Überlieferungen, Anregungen oder Gedanken, die zum universellen Erfolgsgeheimnis passen?

Auf der Website

www.erfolgsgeheimnis.eu

können Sie diese eintragen.

Ich nehme mir heute vor:

So stark zu sein, dass nichts meinen Seelenfrieden stören kann.

Mit jedem, den ich treffe, über Gesundheit, Glück und Wohlstand zu sprechen.

Die positive Seite aller Dinge zu sehen und optimistisch zu sein. Nur an das Beste zu denken, nur für den Besten zu arbeiten und nur das Beste zu erwarten.

Sich genauso über die Erfolge anderer zu freuen, wie ich mich über meine eigenen freue.

Fehler der Vergangenheit zu vergessen und den höheren Zielen der Zukunft zuzustreben.

Immer guter Laune zu sein und jeder lebenden Kreatur, der ich begegne, ein Lächeln zu schenken.

So viel Zeit darauf zu verwenden, mich selbst zu verbessern, dass ich keine Zeit dazu habe, andere zu kritisieren.

Zu groß für Sorge, zu edel für Ärger, zu stark für Furcht zu sein und zu glücklich, um Schwierigkeiten in meiner Gegenwart zu dulden.

(Bekenntnis der internationalen Optimisten)

Desiderata

Geh deinen Weg ohne Eile und Hast und suche den Frieden in dir selbst zu finden. Und wenn es dir möglich ist, versuche den Anderen zu verstehen.

Sag ihm die Wahrheit – ruhig und besonnen und höre ihm zu! Auch wenn er gleichgültig und unwissend ist, denn auch er hat seine Sorgen, egal ob er noch jung und aggressiv, oder ob er schon alt und müde ist. Wenn du dich mit all den anderen vergleichst, wirst du feststellen, du lebst unter Menschen, die entweder größer oder kleiner, besser oder schlechter sind, als du selbst.

Sei stolz auf deinen Erfolg und denke auch an deine Karriere. Aber bleibe bescheiden! Denn das Schicksal kann sich jederzeit wenden. Sei vorsichtig in deinen Geschäften, denn die Welt ist voller List und Tücke. Aber lass dich trotz allem nicht von deinem Weg ablenken!

Viele Leute reden von hohen Idealen und überall wird Heldenmut angepriesen; bleibe du selber und heuchle nicht mit Gefühlen! Steh der Liebe nicht zynisch gegenüber, denn sie ist das Einzige, was wahr und unvergänglich ist.

Sei dankbar über jedes Jahr, das du erleben darfst, auch wenn mit jedem Jahr ein Stück deiner Jugend entschwindet. Bereite dich auf den Augenblick vor, indem etwas Unvorhergesehenes in dein Leben tritt, aber zerstöre dich selbst nicht aus Angst vor der Einsamkeit! Sei immer so, dass du vor dir selbst bestehen kannst.

Du hast ein Recht auf dieser Welt zu sein, genau wie die Blume, die blüht und wie ein Stern in der Nacht. Doch auf dieser Welt lebst du nicht allein! Hast du schon irgendwann mal darüber nachgedacht?

Darum schließe Frieden mit Gott, wo immer er dir auch begegnet; ganz gleich, was das Leben dir auch an Schwierigkeiten auferlegt.

Lass nicht durch Lug und Trug deine Ideale zerbrechen – Die Welt ist immer noch schön. Versuche auf ihr zu leben und glücklich zu werden.

(Desiderata ist lateinisch für "things to be desired" "etwas Wünschenswertes" Aufgeschrieben von Max Ehrmann, vervielfältigt und weiterverbreitet durch den US-amerikanischen Pfarrer und Rektor Frederick W. Kates, der es auf dem Briefpapier seiner Kirche "Old Saint Paul's Church, Baltomore, foundet 1692" weitergab)

Ein guter Rat zum Schluss

Ich bin mir durchaus bewusst, dass wir alle voll im täglichen Leben stehen. Das bringt auch Hektik und Stress mit sich. Es ist in manchen Situationen nicht so einfach, das universelle Erfolgsgeheimnis ständig vor Augen zu haben. Wir ärgern uns über Personen oder Vorfälle und können das zeitweilig nicht richtig steuern.

Gerade deshalb: Auch wenn die Welt manchmal „stressig“ ist - nehmen Sie sich eine kurze Auszeit - und wenn es nur ein paar Minuten oder Sekunden sind - und erinnern Sie sich der jahrtausendealten Überlieferungen:

Alles was wir sind, ist das Ergebnis dessen, was wir gedacht haben.
Wie ein Mensch denkt, so ist er.
Wir sind das Ergebnis unserer Gedanken.
Der Glaube erzeugt die Tatsachen.
Die Inhalte Ihres Denkens und Glaubens gestalten
Ihre Persönlichkeit, Ihr Leben, Ihre Zukunft.

Wenn Sie sich selbst immer wieder daran erinnern, wie wichtig richtiges und positives Denken ist, wird Ihr Leben in völlig neuen Bahnen verlaufen. Sie werden Dinge erreichen, die Sie vorher niemals für möglich gehalten hätten. Und Sie werden wesentlich ruhiger und ausgeglichener werden. Sie werden sich wahrhaft geborgen fühlen in einem Kosmos, der Ihnen durch das Denken die Möglichkeit gegeben hat, selbst enormen Einfluss auf Ihr Schicksal zu nehmen.

Meine besten Wünsche begleiten Sie auf Ihrem Weg!
Ihr *Helmut J. Ament*

Über Ihren Besuch auf meiner Website würde ich mich sehr freuen:

www.erfolgsgeheimnis.eu

- GRATIS-Downloads: 33 seitige Autobiographie des Autors H.J.Ament
- Zitate, Weisheiten, Sprichwörter, Überlieferungen, Anregungen, Gedanken, Aphorismen eingearbeitet in Bildern
- Aktuelle Vorträge und Seminare
- Werden Sie Förderer
- Buchempfehlungen
- Gästebuch
- Spiel & Spaß
- Newsletter

Besuchen Sie auch die Website der Personal Book Company

Jedes Buch wird einzeln gedruckt und ist ein Unikat!

www.pegastar.com

- personalisierte Kinderbücher - jedes Buch wird einzeln mit dem Namen des Kindes und eines Spielkameraden gedruckt
- Ihre Talente, Ihre Karriere, Ihr Liebesleben, Ihr Charakter, Ihre Persönlichkeit - die PegaStar-Analysen wissen alles über Sie!
- Weltweit einzigartig: Das Buch Ihres Lebens - 10 Analysen auf ca. 100 Seiten im Großformat 30 x 21 cm: Geburtshoroskop mit Zodiak, Karma-Horoskop, Berufsanalyse, Gesundheits-Horoskop, Chinesisches Horoskop, Indianisches Horoskop, Indisches Horoskop, Atlantisches Horoskop, Flirt- und Erotik-Horoskop, Kabbalistische Namensanalyse
- 9 personalisierte Urkunden aus den verschiedensten Kulturkreisen

Danke!

Das universelle Erfolgsgeheimnis ist jahrtausendealt und hat vielen Menschen geholfen, überdurchschnittliche Erfolge zu erzielen. Anstatt ständig mit dem Kopf gegen die Wand zu rennen, bietet das Erfolgsgeheimnis die Möglichkeit, über den richtigen Einsatz der geistigen Energien auf einfache Art und Weise Ziele und Wünsche zu realisieren.

Ohne das Erfolgsgeheimnis wäre mein Leben sicherlich völlig anders verlaufen. Nur durch das Erfolgsgeheimnis lernte ich auch in schwierigeren Zeiten die nötige positive Denkweise beizubehalten und meinen Zielen treu zu bleiben. Lassen Sie uns gemeinsam versuchen, auch anderen Menschen zu helfen, ihr Leben ausgefüllter und erfolgreicher zu gestalten. Das Erfolgsgeheimnis wirkt immer - viele Menschen erleben die Wirkungsweise aber durch negatives Denken eher kontraproduktiv. Was aber im negativen Fall funktioniert - funktioniert auch im positiven Fall!

Diesen Menschen zu zeigen, dass diese Energien auch positiv eingesetzt werden können, ist mir ein wichtiges Anliegen. So wie es keine Kraft erfordert, im Radio einen anderen Sender zu wählen, so einfach kann man beim Verstehen des universellen Erfolgsgeheimnisses auch Misserfolg zu Erfolg modifizieren. Die geistige Einstellung entscheidet - das ist eine jahrtausendealte Erkenntnis!

Helfen Sie mit, das universelle Erfolgsgeheimnis so vielen Menschen wie möglich nahezubringen. Leben Sie die Erkenntnis selbst vor! Sprechen Sie mit Ihren Freunden und Bekannten darüber!

Danke, dass Sie mein Buch gekauft und gelesen haben!

www.erfolgsgeheimnis.eu